FLATNESS FOLDED

FLATNESS FOLDED – A COLLECTION OF 23 CONTEMPORARY CHINESE GARMENTS
Concept and compilation by Miranda Tsui

Photography Tsang Tak Ping
Translation   Sunny Pang / Mami Tanigawa / Sophie Mabru
Editing   Anna Koor / Kristy Fong / Julie Yuen
Design   Miranda Tsui / Elsie Wong

English typeset in Caslon 3 / Chinese in DFLiHei / Japanese in Kozuka Gothic/ French in Caslon

Published by MCCM Creations, Hong Kong
info@mccmcreations.com
www.mccmcreations.com

ISBN 978-988-92266-9-4

Printed in Hong Kong

FLATNESS FOLDED a collection of 23 contemporary chinese garments Miranda Tsui

mccmcreations

Contents

Flatness Folded: a thought on Chinese dress   008

Clothes Emitting Ephemeras   014

23 Garments   019

Designers' Profile   158

Translation   162

Biographies   188

Acknowledgements   190

Flatness Folded:
a thought on Chinese dress

Miranda Tsui

With the opening of its doors to the rest of the world in the 1980s, China embarked on reformation in various areas. The West's admiration of Chinese culture and its pursuit of a Chinese sensibility are growing phenomena and these have manifested in many different respects, from Chinese philosophy to the design of everyday artefacts. However, imbalance in how a culture is perceived often breeds misunderstanding. In actuality — be it orientalism, or what I shall presently discuss here as Chinese sensibility — the matter is a complex one which at times might even elude the Chinese themselves.

China is a big country with a long history. It is not easy to pinpoint exactly what Chinese style may be. Different communities and different periods in history have evolved with their own individual cultural characteristics and aesthetics, a thorough understanding of which is likely to take any investigator a lifetime's research. Having said that, when we see a Chinese object, no matter where or when it might have come from, instinct often tells us that it is indeed Chinese in origin, or that there are Chinese influences in its production. The question is: Where does this instinct come from? One could try explaining it in terms of elements such as color, form, pattern, or material. Of course, as an account of chinoiserie this aspect is probably the most easily comprehensible, and certainly one that can be easily adopted for the commercialization of chinoiserie. However, Chinese style constructed solely from such superficial characteristics is in danger of degenerating into exoticism in the form of empty cultural symbols stacked together without any understanding of the history, traditions, and significance behind these symbols. Someone without any knowledge of Chinese culture can easily and quickly hammer together a piece of chinoiserie out of such cultural hardware. At the moment, orientalism as understood by the West seems to be stuck in just such a frame.

Our instincts may also originate from certain highly abstract sensibilities, which have emerged as a result of a long and slow process of crystallization over the course of China's cultural and historical development. They represent a world view and a humanism which combines religion, philosophy, and spirituality. These ideas and forms of consciousness cannot easily be explained in a couple of pages. There are, however, two concepts which I think have had the most influence in shaping Chinese aesthetics, leading to clear stylistic differences between Eastern and Western artefacts.

It is widely acknowledged that Chinese culture has emphasized the conservation of natural resources; the objective being to use the minimum of resources and the simplest of means to achieve maximum and long-lasting results. Despite growing international fears regarding climate change, the Chinese are not traditionally wasteful — everything in Nature is cherished as though it were our own property. Sights are not only set on short-term needs, but everything is planned carefully for the long term in the hope that what is made will last for generations, and resources are saved for our children in the future. And the Chinese believe in karma. What is taken from Nature has to be put back later — there is no such thing as a free lunch. Therefore, with our respect for Nature and aspiration to be at one with Nature, the Chinese have prized simplicity, grace, austerity and tranquillity in life for thousands of years.

A distinctive feature of Chinese culture, and one which I find contrasts most poignantly with the Western way of thinking, is its emphasis on essence rather than form and its subtle sense of the implicit. The Chinese believe that the beauty of an object does not lie in its eye-pleasing appearance, but rather in the significance it embodies. Social historians have highlighted many other contrasting aspects of our respective cultures. For instance, Western ideals highlight expression, but we train ourselves to refrain from overt expression of emotions and powers, to make them less transparent. Westerners love the razzle-dazzle of diamonds. We, on the other hand, would rather delight in the amorphous clouds of light found in jade from years of appreciation and handling. Westerners keep their silverware gleaming while we derive much pleasure in the faintest hint of silver shining through a silver object's tarnish. They believe in the human power to change the world, so they expend energy on artificially keeping everything new and fresh. We, in contrast, appreciate the marks and feelings left on things by time and tide. We seek what lies underneath the surface: wisdom in simplicity, beauty in the ordinary, and grace cultivated and sculpted by age.

In terms of the differences in world view and thinking between East and West, no other example in fashion arouses more interest than the *cheongsam*, which is a figure-hugging version of the qipao, a standard robe-like women's garment worn throughout the Qing Dynasty (1644–1911 A.D.) and the early years of the Republic of China. Asked what they think is the most representative Chinese female garment of the last half century, most people both East and West would probably very confidently say the *cheongsam*. I, however, have my reservations.

The *cheongsam* came into existence at the turn of the 20th century, influenced by Western fashion. At the time, China had just experienced a wave of modernization (read westernization) and overnight, the Chinese people renounced thousands of years of traditions and customs in fashion and accoutrements in their determination to emulate the West. Western tailoring techniques were adopted in the belief that only such westernized modernity could help salvage China's damaged international standing and image as a result of the shame brought on by a much weakened nation under the last emperors. The emergence of the *cheongsam* was to many, effectively a tacit denial and repression of tradition, as well as a symbol of the trauma suffered by China in the modern era. The idea that the *cheongsam* is representative of traditional Chinese dress is in this sense wrong (albeit romantic), stemming perhaps from an impoverished understanding of China's long-standing philosophy and culture of clothing.

I believe the differences between East and West, in terms of the development of their respective culture of clothing, arise from their sharp differences in world view and thinking. As I have already indicated, the Chinese believe in synergy between human beings and Nature, the two being in peaceful coexistence with mutual respect. Conversely, since the Renaissance it would seem that the West has placed reliance on humans having the power to better the world, and on the improvement of life through human creativity. The Chinese way of living, behaving, and indeed dressing has been geared towards blending in with the environment, towards harmony and holism. This mode of dressing does not aim to turn a person into an object for viewing, but rather into an organic part of the environment. To stand out is to break such harmony, and that is not something pursued by the Chinese. In contrast, Western clothes focus on making personal statements, correcting flaws while accentuating the positive. Clothing, therefore, becomes a tool for modifying the human body, and an instrument for perfecting one's natural figure according to the aesthetics of the time. Thus, comfort might take a backseat in the interests of demonstrativeness as one aspires to become the center of attention, some thing to be viewed. I conclude that this is entirely in line with the West's world-improving ideals and its worship of the individual.

Therefore I would argue that the *cheongsam* is incontrovertibly a product of a Western way of thinking. It has transformed China's millennia-old tradition of flat, two-dimensional cutting and ornamentation into a westernized and modernized fashion sense centered on showing-off the body's curves. Although the *cheongsam* has inherited certain features of traditional Chinese clothing (such as the diagonal overlapping lapels, the mandarin collar, and ribbon fasteners), the overall concept is essentially modelled on Western tailoring. With the human figure as the basis, darts and panels are fashioned to display every single part of the body three-dimensionally. Traditional Chinese pattern-cutting, on the other hand, is based on two-dimensional shapes with no use of darting. When worn on a three-dimensional body, flat clothing naturally creates space between the body and the garment, and the body's curves thus become obfuscated. Color, silhouette and proportion have historically formed the basis of fashion design in the West; this has perhaps taken priority over the comfort of the person wearing it. Contemporary high fashion often loses sight of the fundamental essence of clothing and becomes an egocentric vehicle for the designer's creative desires. Chinese clothing, by contrast, cares most for the person living within this piece of clothing, and clothing is essentially wearer-oriented. Clothes are made to serve the body. Comfort is therefore of utmost priority. A garment should simply hang casually on the body and move with it, without pointedly and deliberately setting off each single part of the body and drawing attention to it. Without doubt, a shapely femme fatale looks good in Western-styled figure-hugging clothes, but unfortunately the same cannot perhaps be said of each and every one of us. Chinese clothing, however, by virtue of its concealing nature, is regarded as a great equalizer. For a portly person, I cannot see the joy in broadcasting to the rest of the world that he or she is the proud possessor of a 36-inch waistline? Perhaps it is the Chinese preference for implicitness and subtlety. Rather than exposing the figure to public scrutiny, our clothing chooses to put it under a metaphorical veil. And while Western fashion focuses on palpable visual proportions, it is ineffable aura and sensibility which catch our eye.

The twenty-three works portrayed here have all been created as syntheses of a consciousness for traditional Chinese clothes-making — its craft and culture — and modern living.

Because all the works are imaginative interpretations of traditional Chinese two-dimensional cutting, when laid out flat they form extremely intriguing shapes. They challenge the viewers' fancy: How on earth is one supposed to put on this flat thing? And how am I supposed to look in it? Some would simply shrug, chalk it up to a pretentious quirk on the designer's part all for the sake of some fashion show, and decide that it has absolutely nothing to do with me and my nine-to-five lifestyle. But then... they see the designs modelled here by 23 people as regular as they come, and see that the works actually make very comfortable clothes which look every bit as conventional as their favorite pair of jeans. Admittedly, some of the models' faces (adults and kids alike) conveyed a look of I've been had! when they arrived at the photo shoot and saw the very "interesting looking" designs. Once they put them on, however, it was hard persuading them to take them off. "Where can I get one?" was the question on everyone's lips. They were genuinely surprised at how comfortable, unusual, and practical the garments were and wanted to find out where to place an order. To me, these are poignant questions — wasn't this the very reason I wanted to produce this book in the first place? Many designers I know have created innovative garments like these, but all have stopped short of putting them into production because of business considerations. Not wanting to see these wonderful creations hidden from sight forever, I decided to make a record of them, hoping they would at least serve as references for other designers. Regrettably, due to limited resources and time, only some of them have been photographed here.

Seeing the advantages that two-dimensional cutting affords, one cannot help but marvel at our predecessors' wisdom. In a time when machinery was non-existent, when everything had to be made by hand, and to conserve natural resources, minimalism was the key. A two-dimensional pattern would have been much simpler and more straightforward to implement than a three-dimensional one, such as the body-hugging Western garment. The fewer the panels and the straighter the lines, the simpler the production process would be, and in turn, the more manpower, time, and material saved. (design01/06/11/12/16)?

Flat-cut clothes can be neatly folded, making laundering and ironing, storage, and transportation much more convenient and resource-saving. One knitwear trader insisted on delivering his sweaters to America all hung on hangers. Sweaters are by nature flat and easy to fold. Hanging them would, on the contrary, stretch them out of shape. Furthermore, the weight and volume of the hangers made transportation inconvenient and incurred unnecessarily higher freight costs. Nonetheless the trader disregarded all these concerns as his only concern was that the sweaters went straight onto the rails for sale the minute they arrived in America. While he might have saved on American labor, undue difficulties were instead put on the manufacturer in transporting the goods. Business concerns aside, the thought of tens of thousands of plastic hangers headed for the landfill is itself a daunting prospect for the planet.

Perhaps either due to the Chinese affinity for naturalness, or as a distinctive feature emerging from two-dimensional cutting, the traditional Chinese garment is often loose-fitting and voluminous with no emphasis on the shoulder line. In the eyes of a Western tailor this would be considered ill-fitting. However the idea of bad fit pre-supposes size. Western figure-hugging cutting prescribes the need for many different sizes to suit various figures, a matter which simply does not arise with flat and loose tailoring. Certain designs are of universal usage by both genders and all ages. There is not even the need to buy new clothes with fluctuations in weight and hence body size. Designs are also potentially androgynous, or non-gender-specific (design05/18/19/20), so designing according to age and figure becomes a non-issue (design08/10/14). One can well picture contemporary socially conscious designers of the West revelling in such possibilities.

It is worth mentioning another notable quality of flat-tailored clothing, in that many designs are geared towards variability and flexibility (design03/09/15/23). How a certain piece of clothing will be worn is no longer dictated by the designer since the garment itself becomes part of 'the act of wearing'. The wearer is at liberty to actively explore, experience and experiment with different ways of dressing in a single garment, so the process becomes an aesthetic as well as creative one. The contemporary urbanite is often blasé — things become outdated and are discarded at an increasingly faster pace. With this kind of user participation hopefully the lifespan of a garment can be considerably prolonged.

The longevity of a piece of clothing does not solely depend on its design. The material and craftsmanship involved are in fact more important factors. The quality of a material is not necessarily determined by its price (although price is often an indicator), but is judged by functionality and comfort. Clothes are made for the human body — an uncomfortable piece of clothing is not good. Put simply, natural materials are always superior to synthetic ones. Think about how silk is produced and how much back-breaking labor is involved in cotton farming. That alone makes natural materials immeasurably more valuable than synthetic materials made from industrial waste and petroleum by-products.

As one learns more about traditional Chinese clothing, one cannot help but be impressed by its exquisite craftsmanship. Before the age of machinery, clothes were hand-sewn by craftsmen, seam by seam and stitch by stitch. The stitches are so fine and the finishing so meticulous that they rival any done on a industrial-grade sewing machine. The linings are equally as impressive as the outer fabric, sometimes more so, with their strategically placed embroidery and layered pockets (design04/05/07/13/20). A garment might look like nothing out of the ordinary at first glance, but its lining may delight those who care to look more closely. This is entirely consistent with the Chinese belief that the best qualities of a garment are not only on display for public scrutiny; they are equally pleasing when kept for one's own private enjoyment. It is often suggested that the Chinese culture deems what is hidden to be more significant. It is therefore fair to say that, when lacking in craftsmanship even the most interesting design will not be considered outstanding. Good craftsmanship not only applies to the visible exterior, each individual stitch and detail on the inside is equally important since it is directly felt by the wearer. The designs in this collection all demonstrate careful consideration of fabric and execution. With such material over-abundance around us, it is fundamental that garments are of high quality — this would ensure greater longevity for the consumer and thus escape the fate of being short-lived and disposable.

Through economic reform, the transformation of China has been nothing short of miraculous. Modernization and openness with the international community have ostensibly enhanced China's competitive edge and raised the quality of life for its people. Foreign cultures are gaining much footing and influence in China, and at unprecedented speed. In the process, traditional ideas and indigenous cultures (which are considered valueless and hence dispensible) have fallen by the wayside to make way for a Western consumerist lifestyle. Sadly this seems to be the bane of developing countries as they aspire to emulate the cultures of the developed nations. Important questions remain: Will a foreign culture supplant its host rather than integrate with it? Should modernization be conflated with westernization? Is localization necessarily conceptually opposed to modernization? When the sensibilities of the host culture become less and less distinct, and its sensitivity becomes less and less significant to life, one must ask if there is anything the new generation of Chinese designers can do to preserve and promote their culture and heritage?

The works collected here may not be the best or even the most creative, but it is possible to discern a respect and passion for their indigenous culture, an attempt to explore intriguing elements from traditional wisdom, and a sense of tradition forming a basis for innovation. Combining imagery from contemporary living with a concern for the environment and humanity, amid the overwhelming trend of total modernization and westernization, the works set out to re-examine the possibilities in their own culture.

In the current climate of pan-economicization in our society, the value and significance of design originality cannot be overstated. Although China has become the world's main supplier of finished goods, it has yet to find its way in design originality. One can argue that 'innovation' is a Western concept - what China has always had is 'heritage'. We may be deluded in thinking that we already understand originality — in the process of pursuing and adopting the values of Western design — when all that has happened is that we have acquired certain aspects of the West's hardware and technology. Different cultures embody different values. Can we not look at our own, and see what insight and possibilities it might have to offer? Treading paths that others have already trodden is no way to be original — innovation hinges on one's awareness of one's own culture. With globalization dictating current economic and cultural norms, a design industry with distinctly indigenous aesthetics might form the most effective strategy in making one's products more competitive in the international market.

Whenever I meet up with friends I constantly ask what they base their purchasing decisions on apart from price, particularly considering how the current fashion market is dominated by so many different labels with so little differentiation between products. Inevitably, they all enlighteningly answer, "the product's sincerity". Sincerity encompasses (among other more tangible elements), how a label positions its products as a medium for its message to the public. Clothes are no longer simply artefacts to serve the functional needs of the human body. Aside from the creativity and quality of a product, whatever message (cultural or otherwise) embodied in it will likely influence the consumer's choice when making a purchase. With this in mind, designers can ill afford to let their competence and vision remain at the level of execution. They need to be the driving force in establishing a product culture, one that is deeply conscious of society, culture and history. It's no longer enough to simply invent a head-turning piece of clothing.

Clothes Emitting Ephemeras

Mami Tanigawa

Several years ago in Hong Kong I encountered a very impressive scene. I still remember it clearly.

One night in March, as I was walking in Mid-levels, a conspicuous figure passed in front of me. It was a man dressed in traditional Chinese clothes. They were of a design that had been common at the beginning of the 20th century. Clothes of such a design are hardly seen in the city today. After passing me, he light-footedly ascended the staircase like a cat, with his ankle length golden silk jacket loosely fastened at the waist. It felt as if I was dreaming.

The reason this experience has not been erased from my memory is not because the clothes were old-fashioned, but rather the opposite. That particular night was one of those rare spring-like evenings that settle on subtropical Hong Kong each year. I cannot precisely describe how elegant the clothes were and how perfectly they seemed fitting to the wonderful local climate and land. I felt as if a God or other divine being had granted me the encounter as a gift.

I have been wishing to record that encounter in physical form for a long time. I was convinced that it deserved more than being stored only in my memory. I have reproduced the scene from memory many times but was eager to find out why it was so attractive to me. Eventually, while reproducing the scene in my mind, I managed to identify a specific and intriguing detail.

What I recall is the skirt of the man's elegant Chinese clothes, which flapped in rhythm to his footsteps, and the slackness of the voluminous sleeves. I did not see his face; I just saw him from the back moving away from me. Wrapping around the body of the man, who was neither tall nor short, the Chinese clothes had a beautiful slackness that covered up the existence of the flesh beneath. The slackness was indescribably alluring.

The impression created by such an encounter obviously differs according to the person experiencing it. From my perspective I encountered the scene in Hong Kong, which is a foreign land to me as I am Japanese, and I'm also aware that my memory of the scene is influenced by exoticism. Even so, I believe it still valid to begin analyzing the scene from my memory. This is because I identify a uniquely Asian element in the details of my analysis.

This element might be expressed as surface in modern language. The expression surface is normally considered the antonym of the word structure. However, I use the word surface here in a different sense. It is not contrasted with anything — the surface can exist independently. In Asia, the concept of surface exists even if there is no structure.

This idea occurred to me when I visited an exhibition at a beautiful museum that had recently opened in Tokyo. The exhibition explored architecture and fashion, comparing the two in order to demonstrate that they are closely associated with each other as contemporary forms of expression. The exhibition focused on this association and proposed that we are shifting from an age of structure to one of surface. What is especially pertinent to this process of moving toward the age of surface, is that it is Asian architects and Asian fashion designers who are emerging as if to symbolize this shift. However, I was left with the impression that the exhibition overlooked a core issue.

This fundamental issue is related to the difference between the West and the Orient concerning structure and surface. When Herzog & de Meuron covered the surface of their architectural work with tree-leaf patterns, or when Jean Nouvel covered the surface of his architectural work with Arabic patterns, what emerged from those works was the Western firmness of the structure — the solidity of the 'bones' — rather than the surface. However, what is represented by the 21st Century Museum of Contemporary Art in Kanazawa, the work of Japanese architects' group SANAA, or by TOD'S Omotesando Building or the Ginza Mikimoto Building, both designed by Japanese architect Toyo Ito, is surface without structure or 'bones'. Of course all these buildings are highly practical and do have a physical structure. However, the difference between

buildings designed by Western architects and those by Oriental architects seem visually apparent to me, even if the difference is not so clear from an architectural viewpoint.

This interesting experience was followed by another. I visited the exhibition with a friend and we were both struck by a dress designed by Junya Watanabe. The sea anemone–like dress, made from organdie (a soiree dress, Techno Couture, autumn/winter 2000–01), was extremely airy and beautiful. It perfectly materialized the concept of surface as it is in Asia. Behind the dress stood a corset dress with a solid form designed by Alexander McQueen ("It's only a game," spring/summer 2005). It looked like a saddle wrapping a human body. That view of the two dresses appeared to symbolize the difference to me. A pink dress by Hussein Chalayan (shaved tulle dress, spring/summer 2000) was exhibited nearby, which looked similar to the dress designed by Junya Watanabe but was constructed using a different production process.

Junya Watanabe's dress wrapped the mannequin loosely, but the dress was actually like Asian paper work: the wrapping becomes flat when removed and folded. The dress had a structure like that of bellows, similar to Tokujin Yoshioka's paper folding chair shown in the same area. The bellows form does not have any structure in itself. However the thin skin of the bellows, constructed as a honeycomb, supports and gives strength to the form. I had never seen anything that so clearly conveyed the distinction between Asia and the West with respect to the concept of skin. In the case of Hussein Chalayan's pink organdie dress, the thickly layered surface on the body's form was shaved.

I wondered how this difference arose. It might be attributed to the difference between the West and the Orient in terms of their respective body consciousness. It has been suggested that it might originate from physical differences between our respective bodies. This distinction may be too generalized or stereotyped, but it concerns the balance between the bones that form the structure of a human body and the flesh surrounding the bones: Asians have rather thin bones and the flesh covers the bones flatly, while Westerners have thicker bones and flesh uniformly surrounds the bones. These variations in body-build may explain Asian fashion preferences for a slack, superficial skin, contrary to those in the West for a tight-fit, firm skin.

The form of Junya Watanabe's design, which is extremely experimental, signifies the difference. If one only examines their form, Junya Watanabe's clothes look completely different from clothes that can be folded flat. However, when we think about what his dress wraps and changes, we discover that Junya Watanabe's clothes have a common feature with foldable clothes. The elegant Chinese clothes I mentioned at the beginning also had that common feature. It is not only Asian clothes that can be folded and flattened but also the bodies wrapped in the clothes. The body and its wrapping are integrated. Asian clothes tend to conceal the body, making the flesh invisible, thus enabling the body to radiate a mysterious existence.

I perceive this quite differently from the body exuding charm and sexiness dressed in Alexander McQueen's clothes. Western clothes appear to trace the form of the body as closely as possible. One could argue that this exaggerates the contrast between clothes and body and therefore highlights the existence of the clothes. This is probably most evident with the creation of corsets. In reaction to this Paul Poiret designed loose silhouette clothes, though loose clothing might also stem from the same tradition.

What happens when the clothes are worn and the wearer moves? The body does not one-sidedly control the surface and move the clothes; the surface and body are equal — the two move independently yet influence each other while accommodating the subtle spaces between them. When the body and clothes — both equal in the natural environment — perform their individual movements, they move while mutually embracing or diffusing the gaps that form between them. This is what I believe gives Asian clothes their ephemeral beauty.

By ephemeral beauty, I refer to the atmosphere generated between the body and surface, which is expressed using the word space or *ma* in the Orient. In this sense, foldable fabric is not about saving space; rather, it is a technique that implies the supposed existence of an atmosphere between body and surface. What makes the simplicity of a flat surface beautiful is not that no interference is possible; but that it alludes to the abundance of space that can be accommodated by the surface.

In L'Empire des Signes, Roland Barthes discusses the beauty and freedom of the semiotic world when liberated from Western semantics. What is introduced here is not the traditional Chinese clothes I saw on that spring night or radically experimental clothes designed by Japanese designers. Clothes are for us to wear, to bear with graceful beauty, and to give shine to daily life. However, the simple symbolism of the body that such clothes conceal, combined with the outward beauty communicated by them — notably the harmony between the liberated spirit and the body that Asian clothes seek to provide — can be thought of as liberation from the semantics of the body.

23 Garments

Independent cultural worker **Chinese, 50+**

Chan, Siu-wa 2003
wool in plain weave
calf length shift dress with asymmetric shoulder width

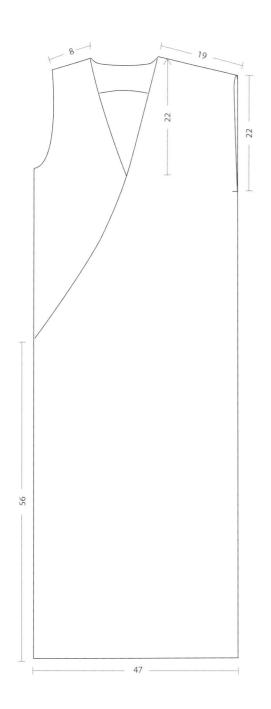
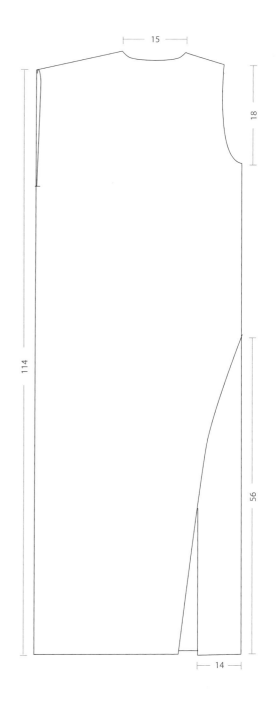

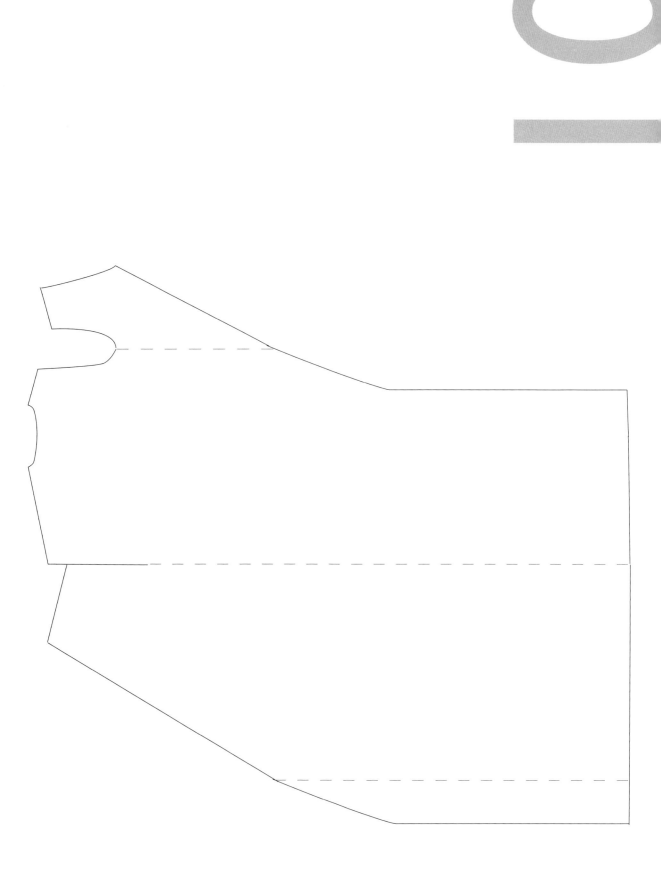

Fashion designer and her baby **Japanese, 20+**

Kwok, In-wai Vann 2005
cotton poplin, crinkled rayon
henley blouse with asymmetrical cuts and sleeve application

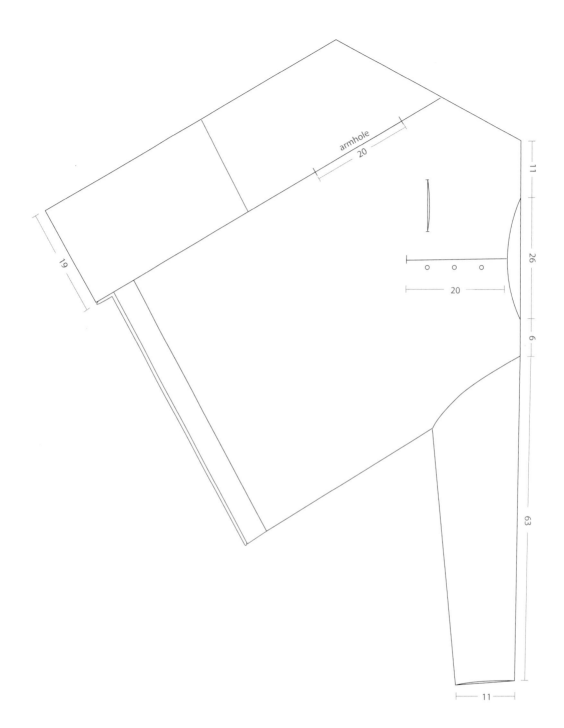

armhole
20

19

11

26

6

20

63

11

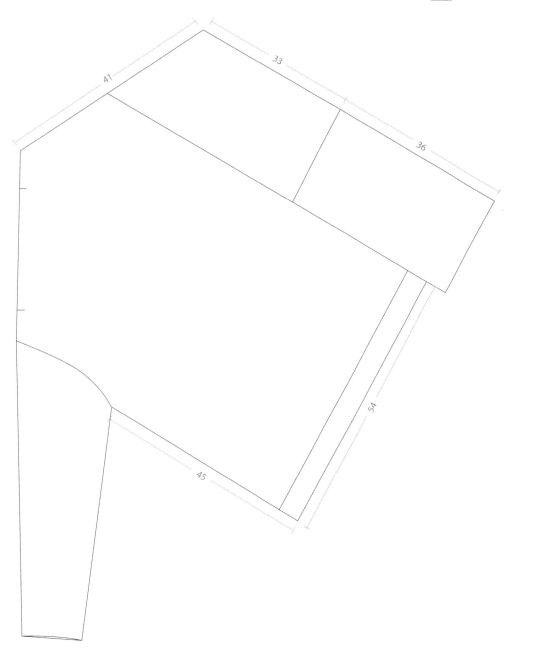

Mr Ko's daughter Chinese/French, 10+

Tsui, Miranda 2003
merino wool
knitted scarf / wearable in fine gauge

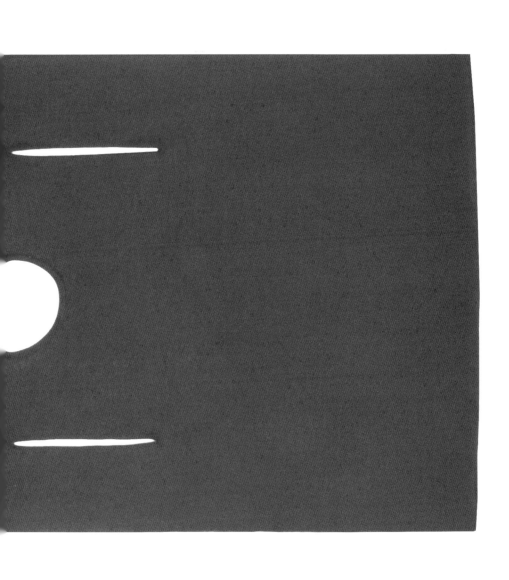

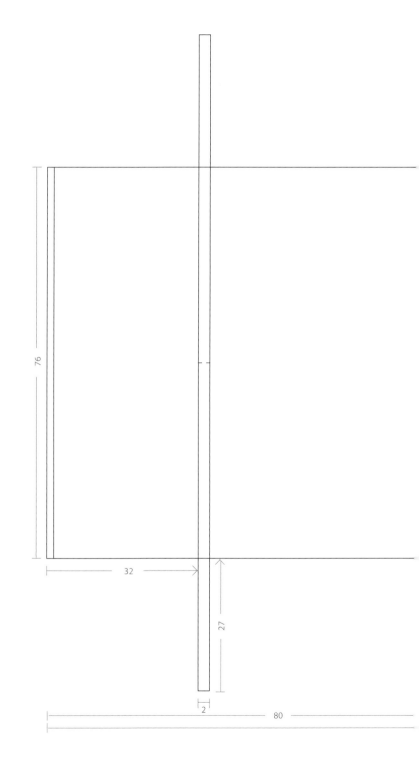

76

32

27

2

80

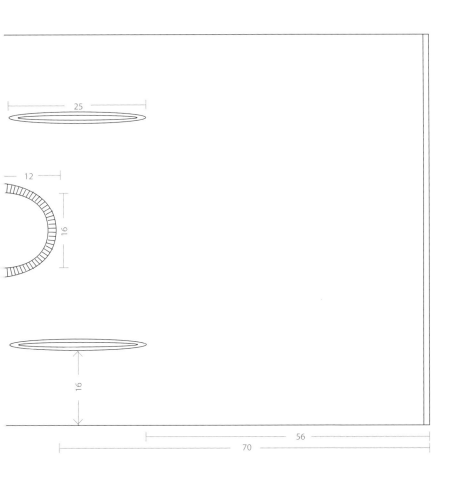

25

12

16

16

56

70

Singer and performing artist Taiwanese, 20+

Yiu, Frances 2005
texture cotton lined with cotton jacquard
sleeveless long jacket with asymmetrical details, fully lined

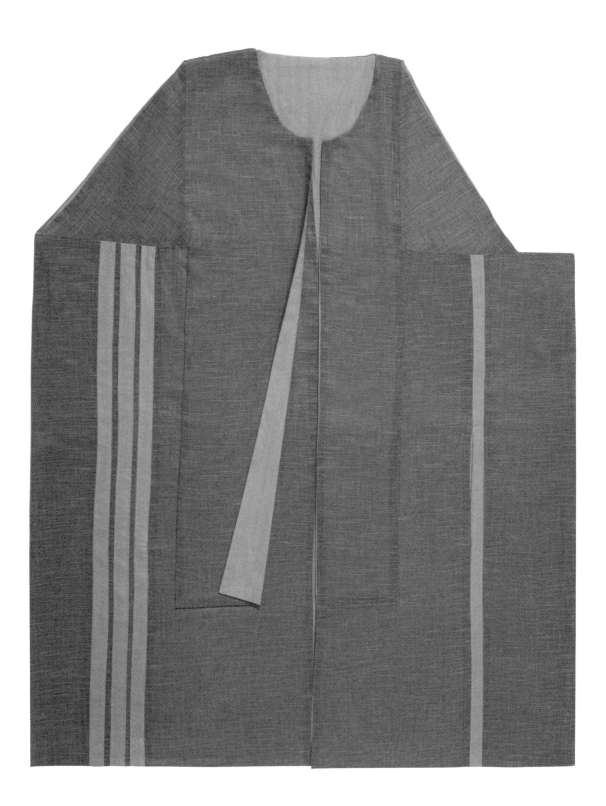

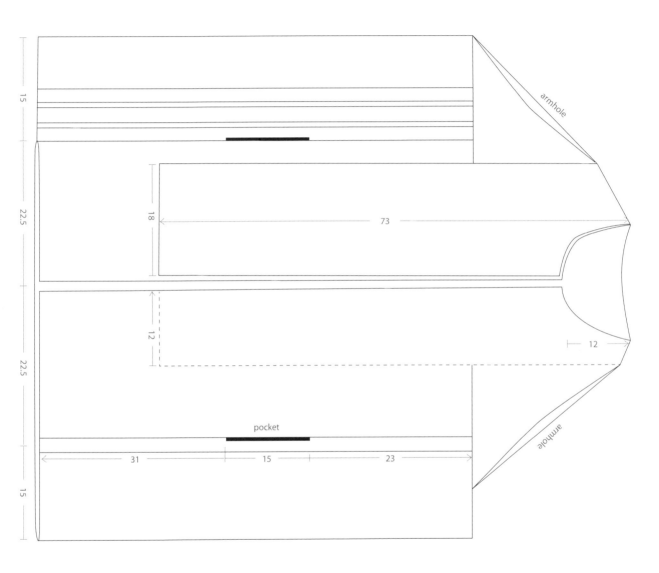

15

22.5

22.5

15

18

73

12

12

armhole

armhole

pocket

31

15

23

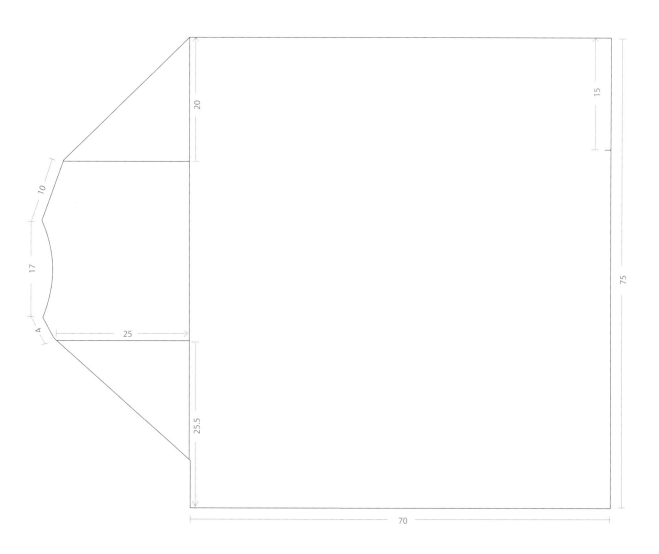

20

15

10

17

A

25

25.5

75

70

Management consultant **Indian, 60+**

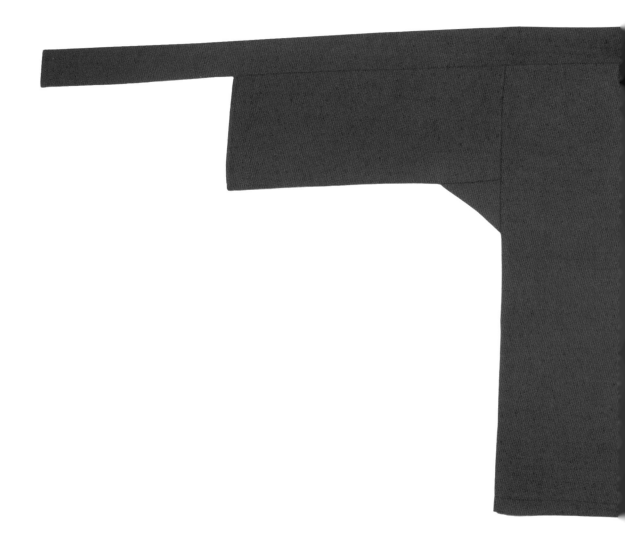

Yiu, Frances 2005
cotton voile
oversized blouse with extended panels attached at sleeves

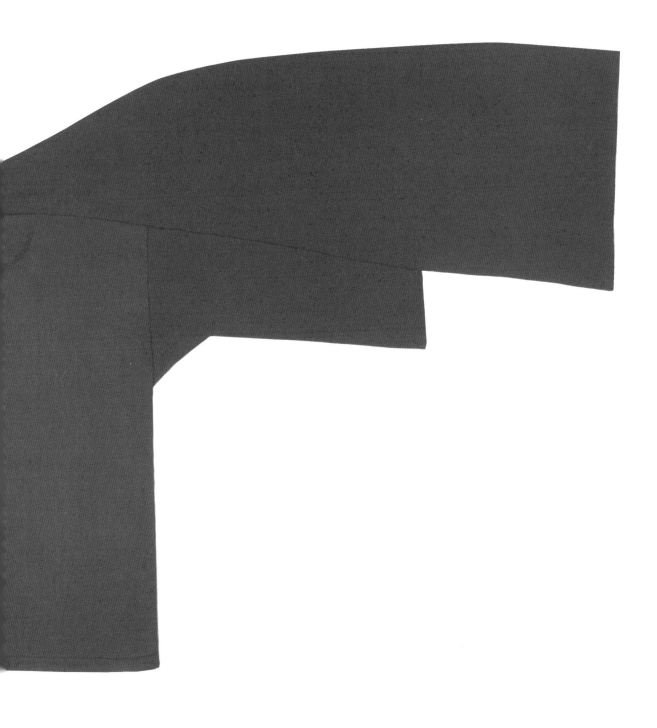

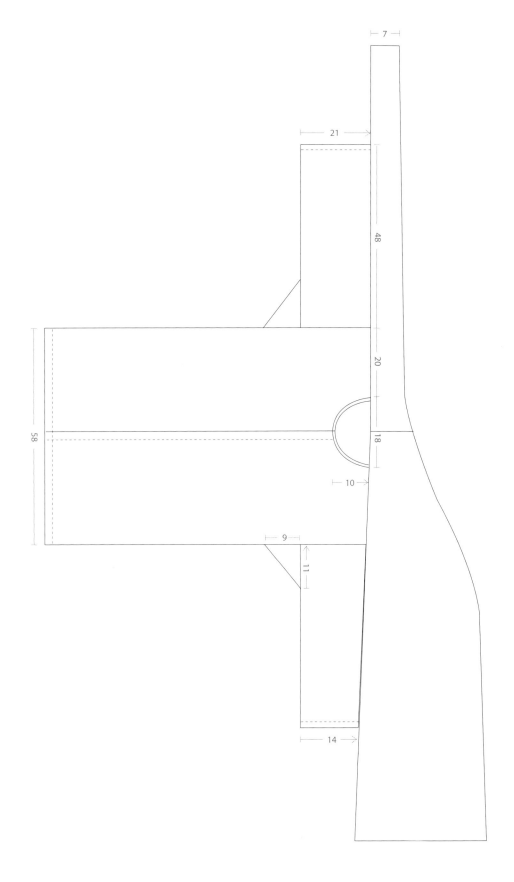

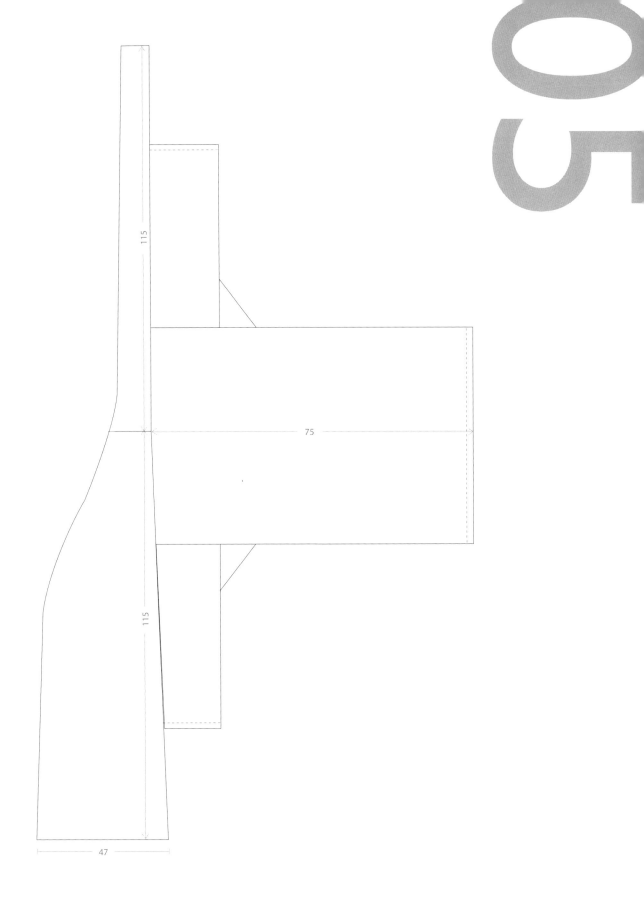

115

115

75

47

Mother of three daughters Chinese, 40+

.

Chan, Siu-wa 2003
cotton in textured weave
reversible sleeveless jacket with asymmetric front opening

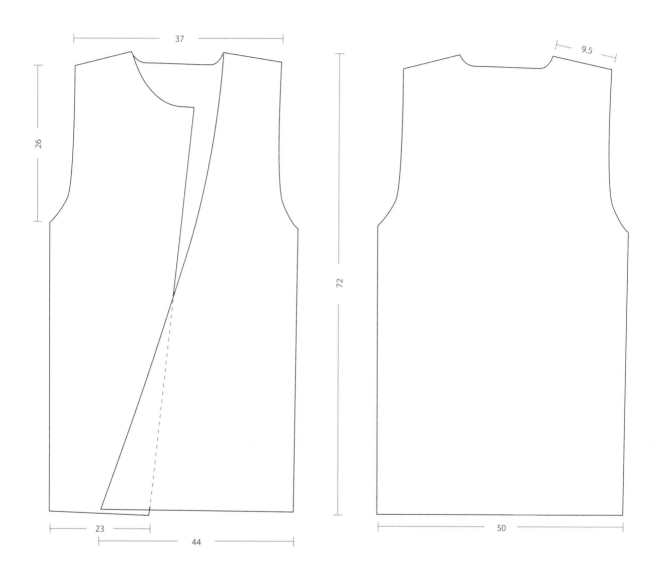

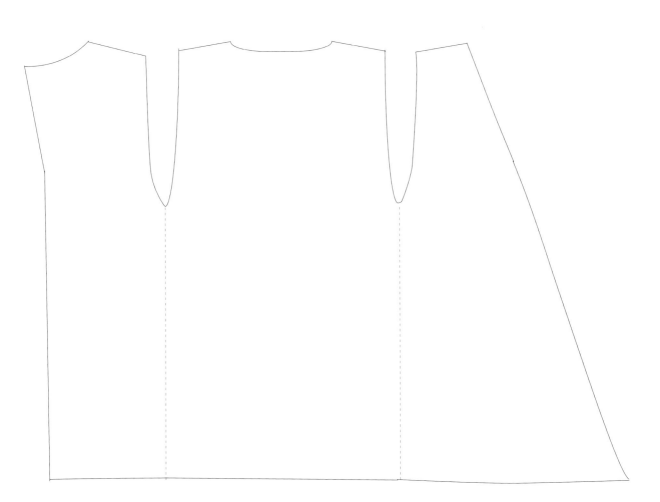

Artivist Chinese, 30+

Yiu, Frances 2005
cotton twill lined with cotton jacquard
wrapped jacket with asymmetric hemline, reversible

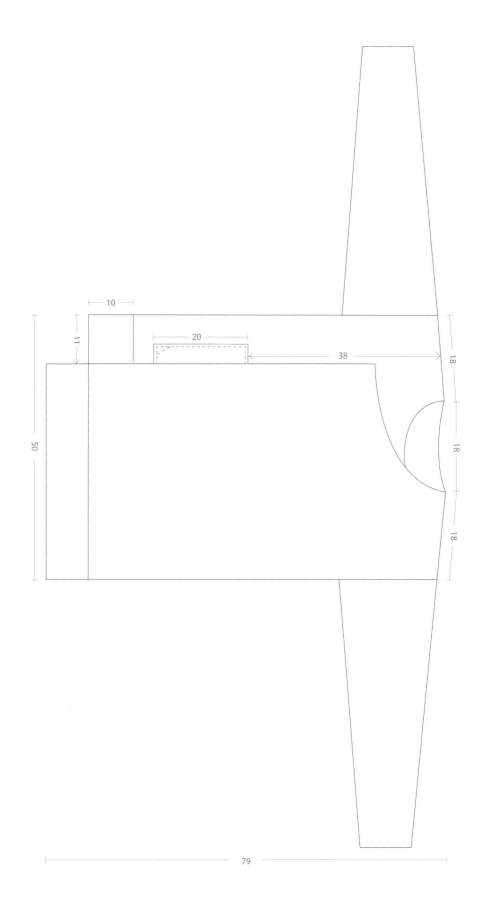

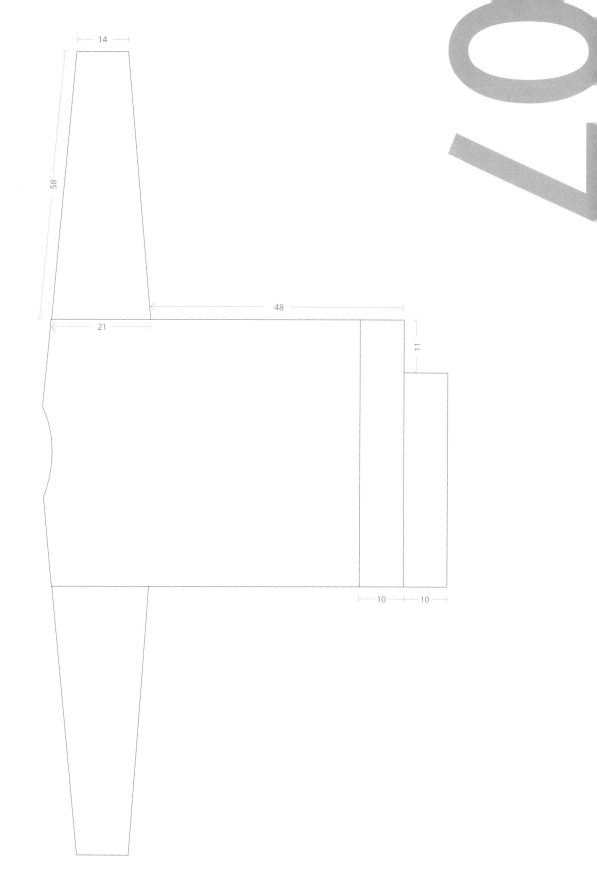

City boy Chinese, 10+

Chan, Ling-ling 2004
rayon seersucker in mono checks
culottes, with skirt-liked pleated front panel

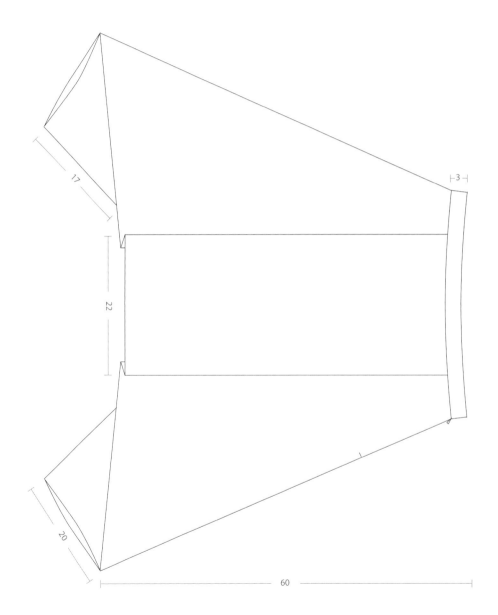

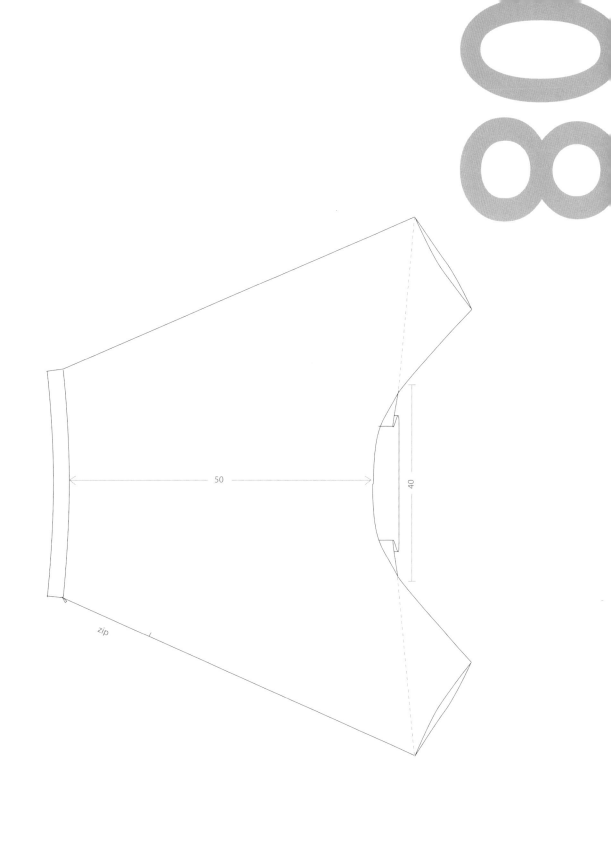

50

40

zip

Graphic designer **Chinese**, 20+

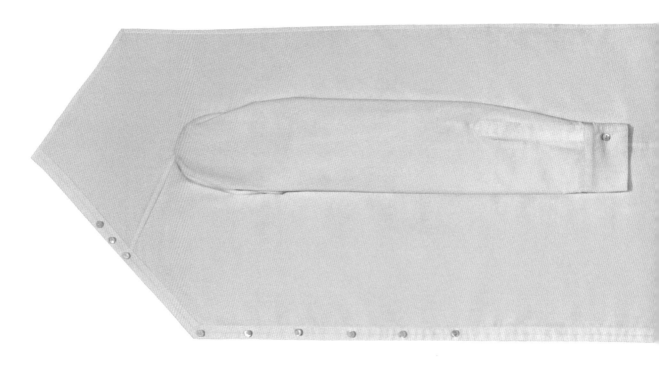

Tse, Ka-ying 2005
extra fine cotton poplin
flattened long sleeve shirt

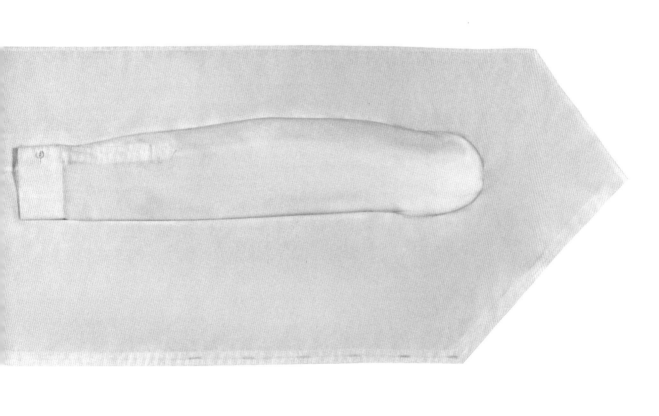

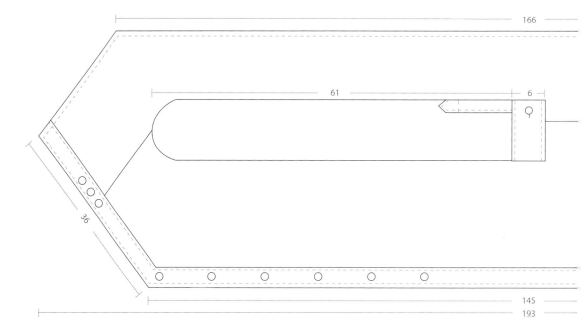

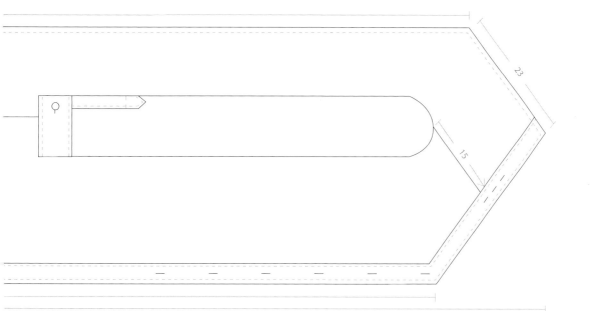

23

15

Messenger Chinese, 70+

Chan, Ling-ling 2004
wool in plain weave
maxi wrapped coat with belt, fully lined

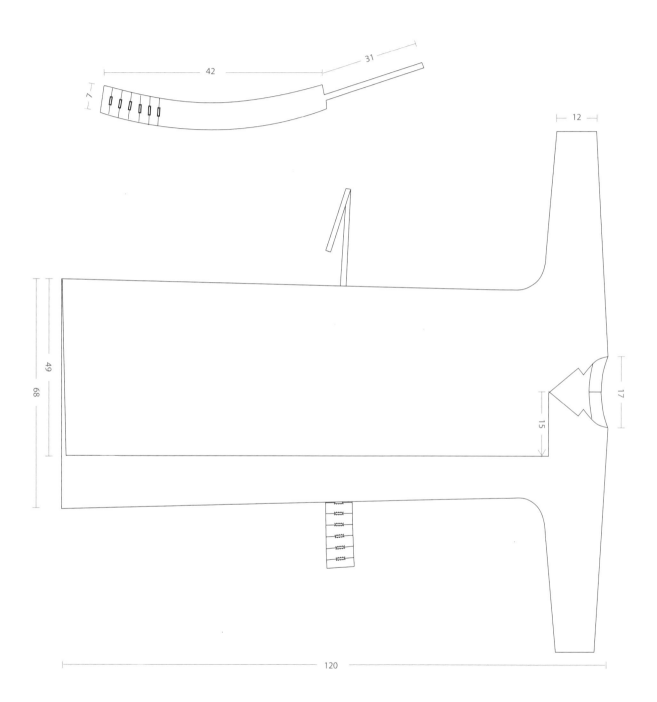

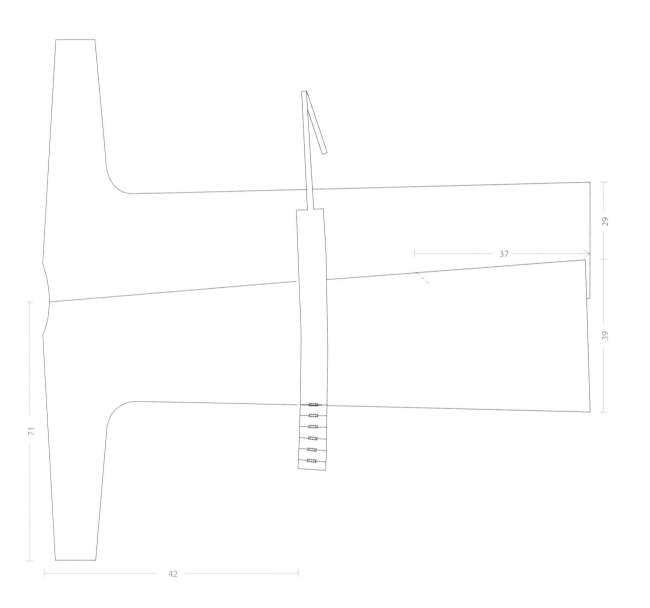

29

37

39

71

42

Domestic helper **Chinese, 50+**

Chan, Siu-wa 2003
cotton gingham
low-waisted culottes with asymmetric leg opening

10

68

zip

zip

37

17

39

43

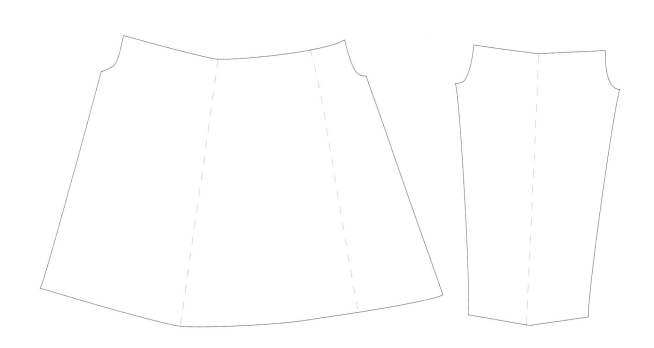

Architect and her family **French, 30+**

Chan, Siu-wa 2003
wool in plain weave
circular skirt with folded pocket details

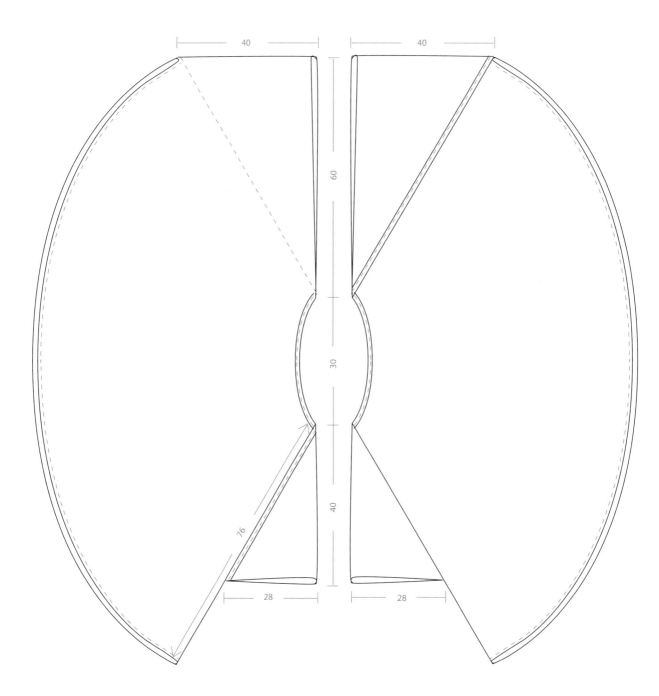

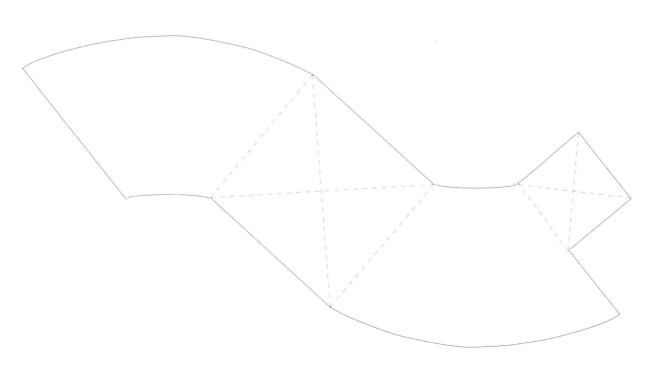

Retired teacher **British**, 60+

Yiu, Frances 2005
texture cotton lined with silk chiffon
calf length coat with pleated side seams

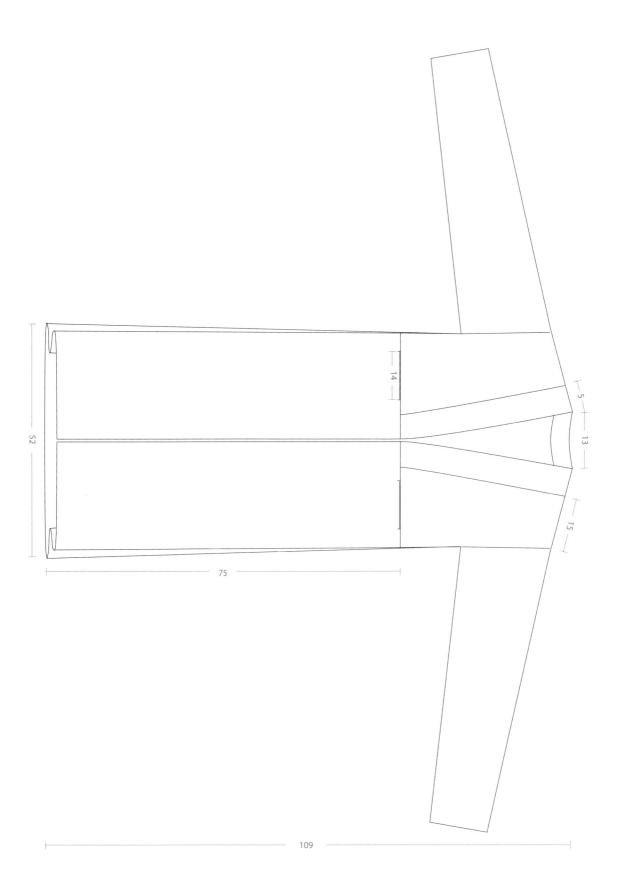

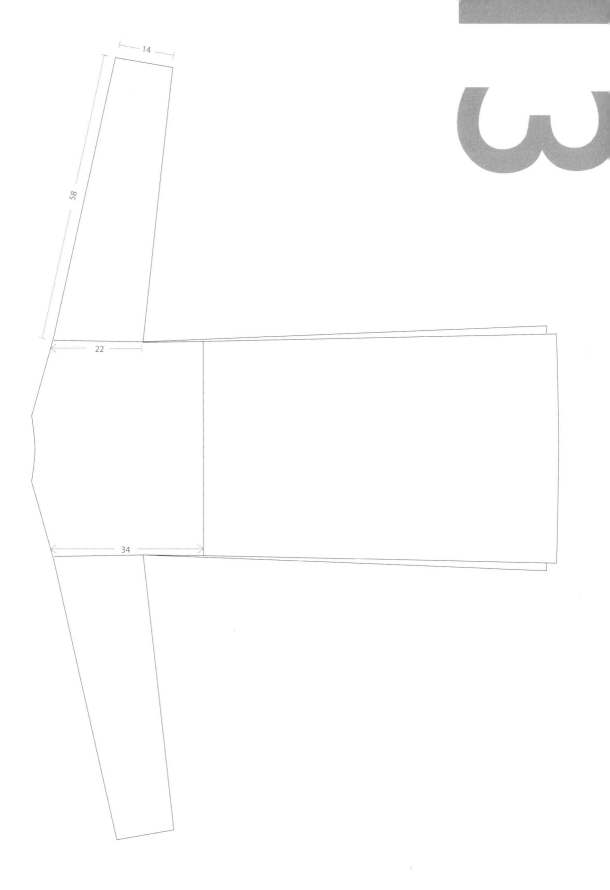

Lighting designer **Chinese, 30+**

Chan, Ling-ling 2004
crinkled cotton
reversible sleeveless top with panel cuts

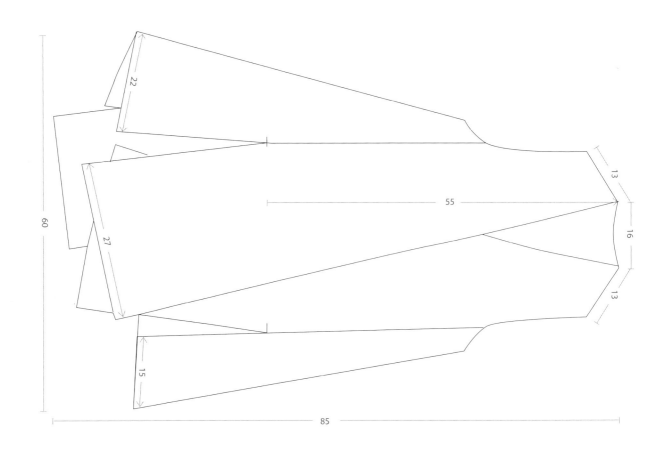

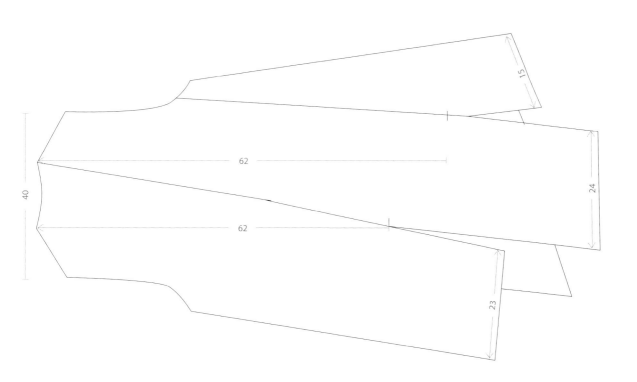

Social scientist Chinese, 40+

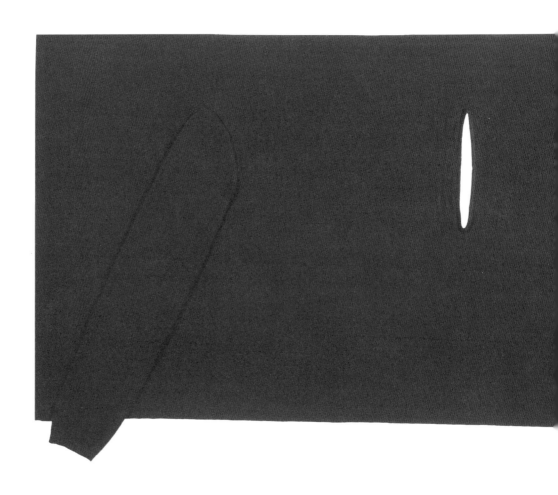

Tsui, Miranda 2003
merino wool
knitted wrap / cardigan in fine gauge

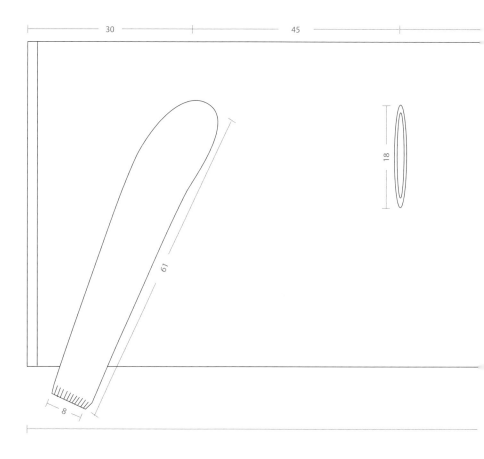

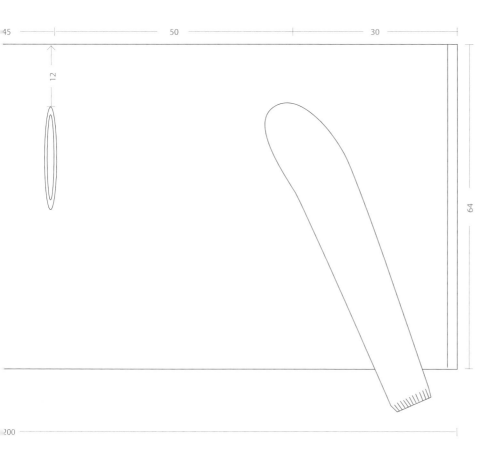

45

50

30

12

64

200

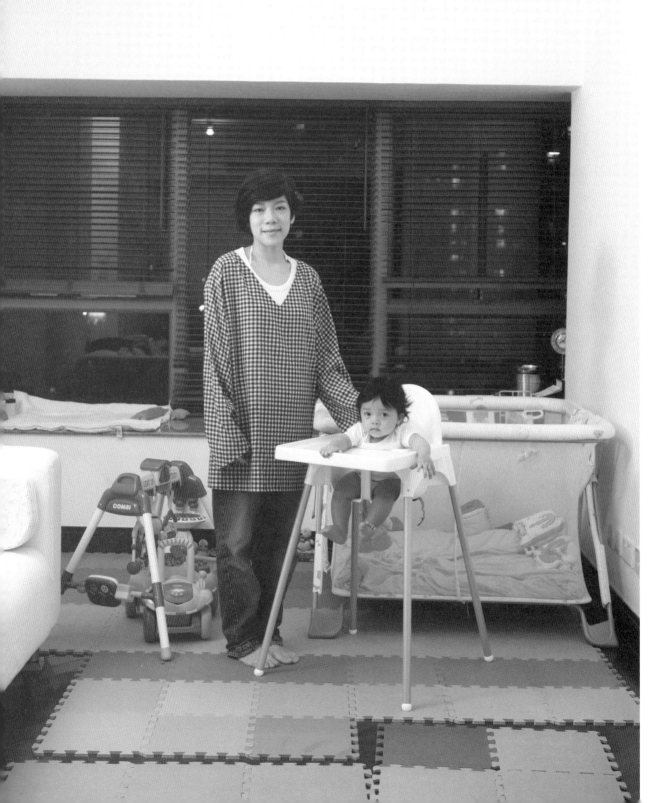

Knitwear designer and her baby Chinese, 20+

Chan, Siu-wa 2003
cotton gingham
oversized v-neck blouse with twisted sleeve

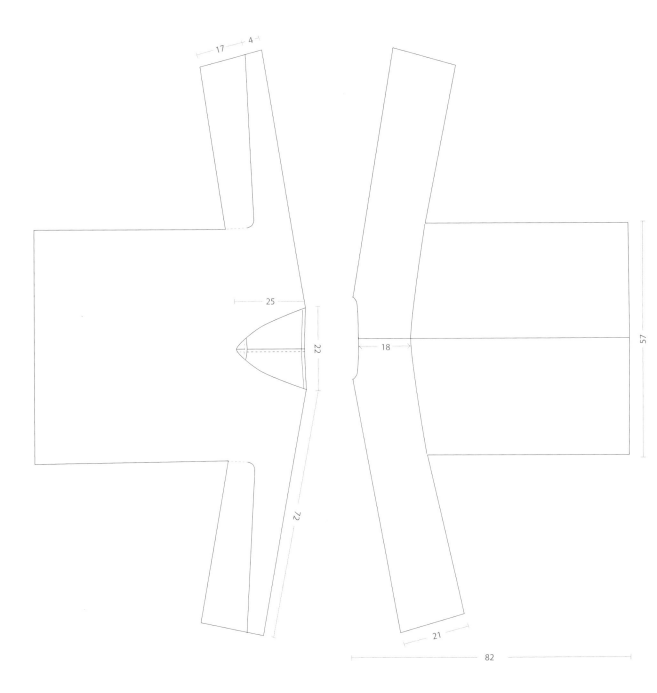

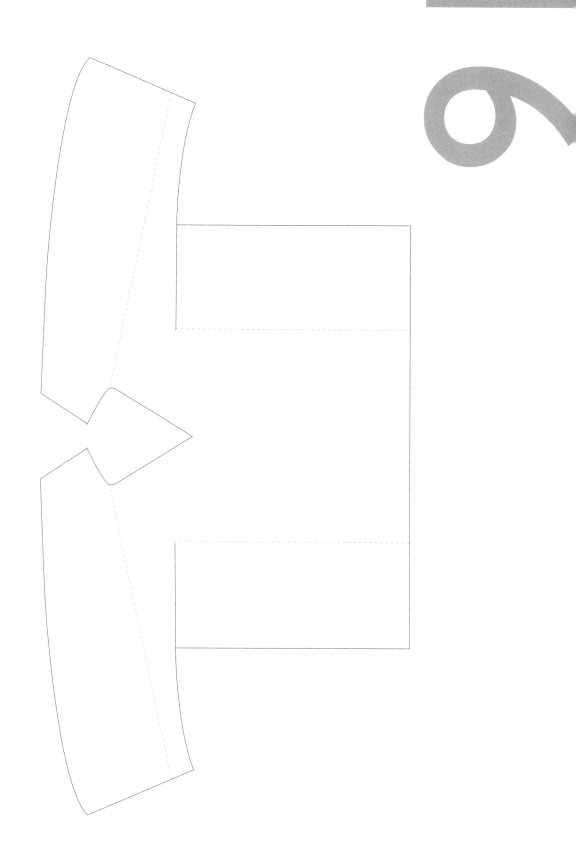

Ceramic artist Chinese, 40+

.

Tsui, Miranda 2003
cotton voile, printed fine cotton twill
scarf in asymmetric shape

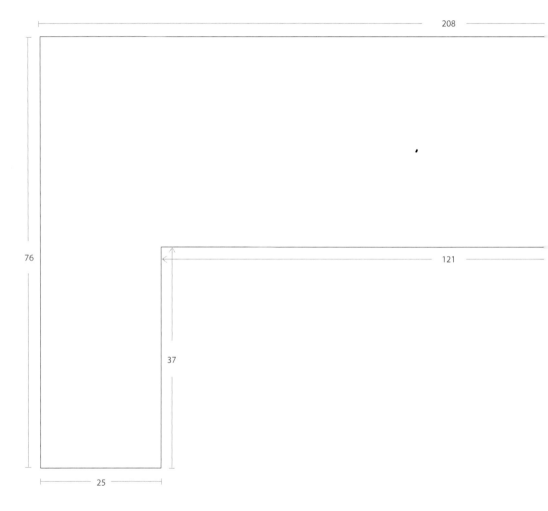

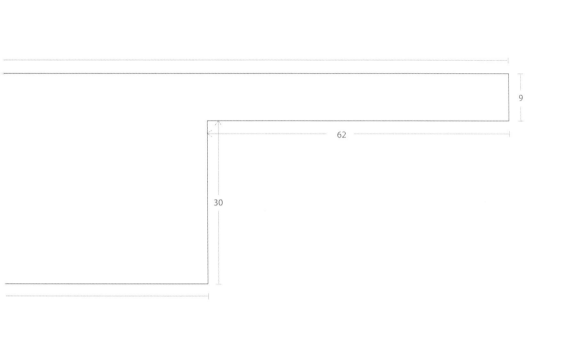

Writer (left) and TV producer (right) **Chinese, 50+**

Chan, Ling-ling 2004
crinkled cotton in mono stripes
short sleeve tunic with off-centered V-neck and hidden chest pocket

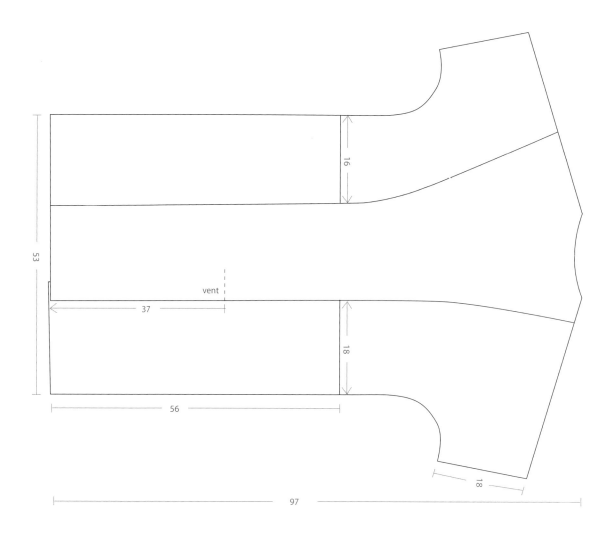

16

53

vent

37

56

18

18

97

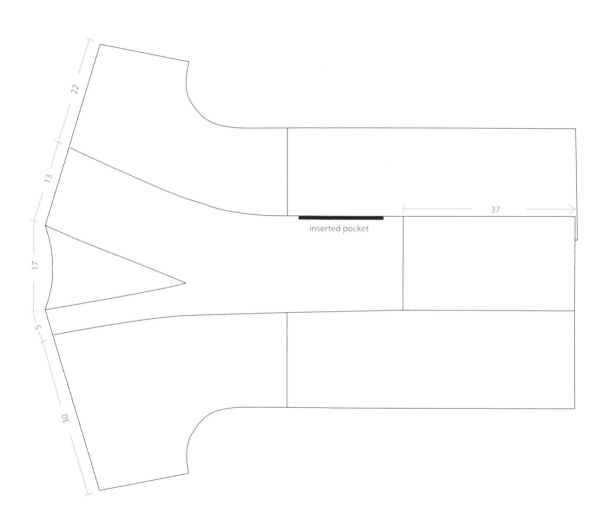

22

13

17

5

30

inserted pocket

37

Photographer Chinese, 40+

Chan, Ling-ling 2004
crinkled cotton
loose-fitted short sleeve blouse with asymmetric collar details, reversible

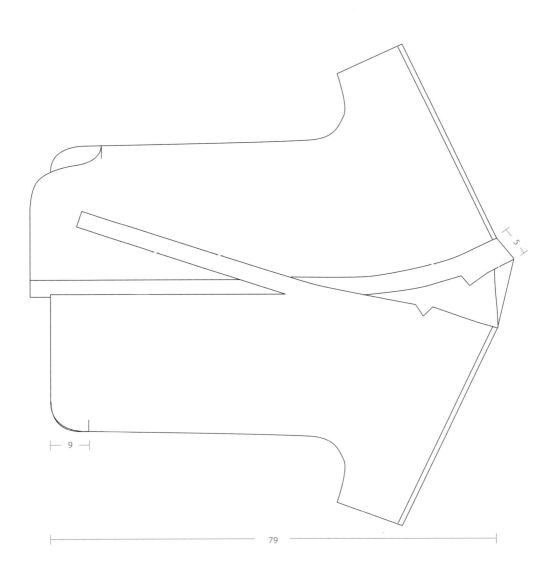

79

9

5

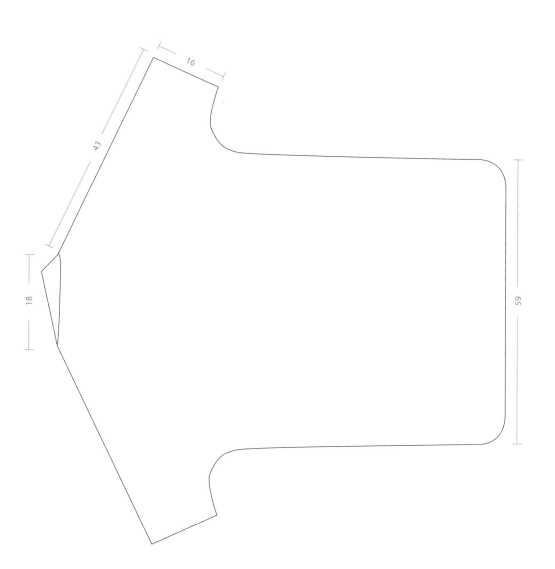

Dressmaker Chinese, 20+

Yiu, Frances 2005
printed crinkled cotton layered with cotton voile in lurex stripes
oversized long sleeve tunic with asymmetrical extended panels
at side seams, double layered

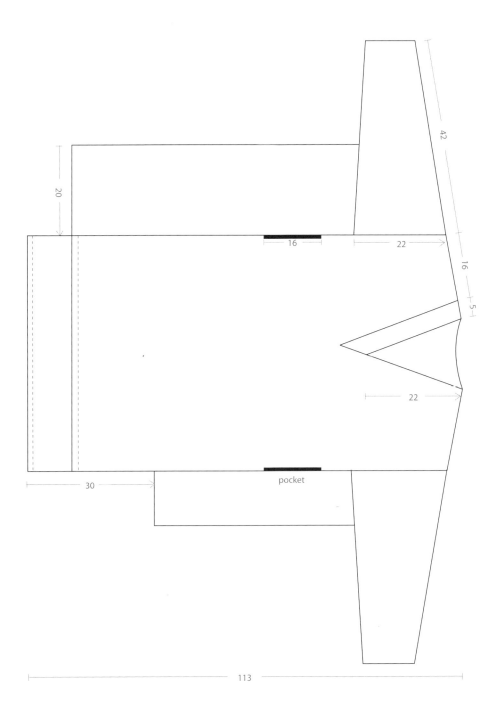

20

16

22

42

16

5

22

30

pocket

113

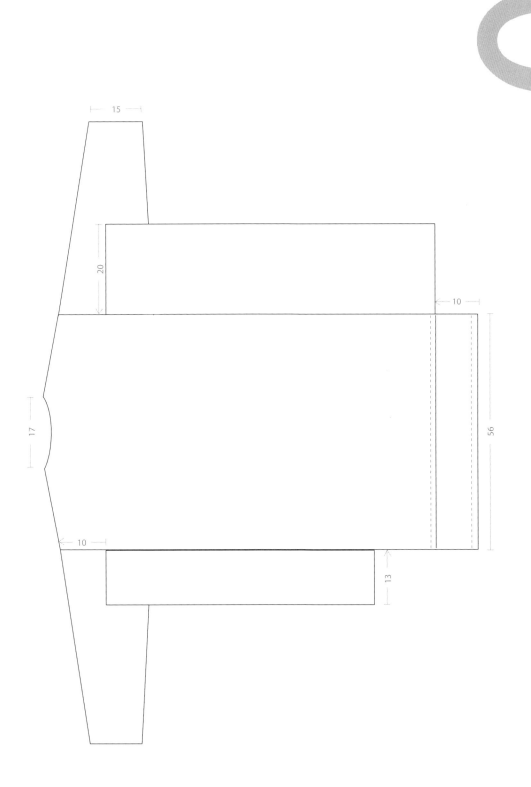

15

20

10

56

17

10

13

Artist and copywriter **Chinese, 50+**

Chan, Ling-ling 2004
wool crepe
wrapped dress with slim lapel, irregular hemline and asymmetric sleeve application

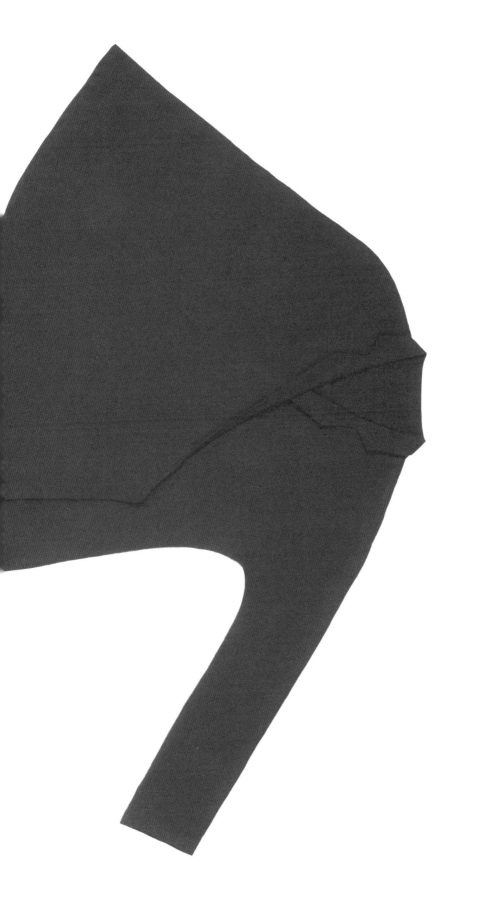

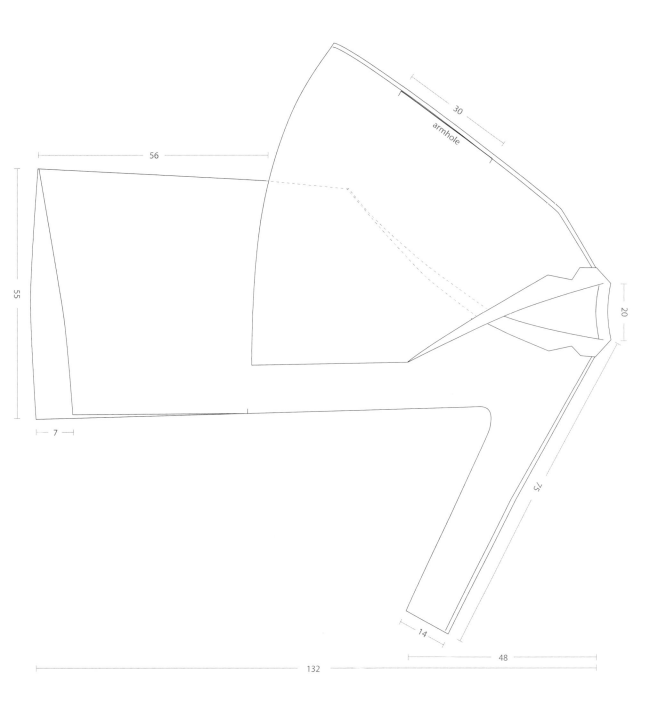

56

armhole

30

55

20

7

75

14

48

132

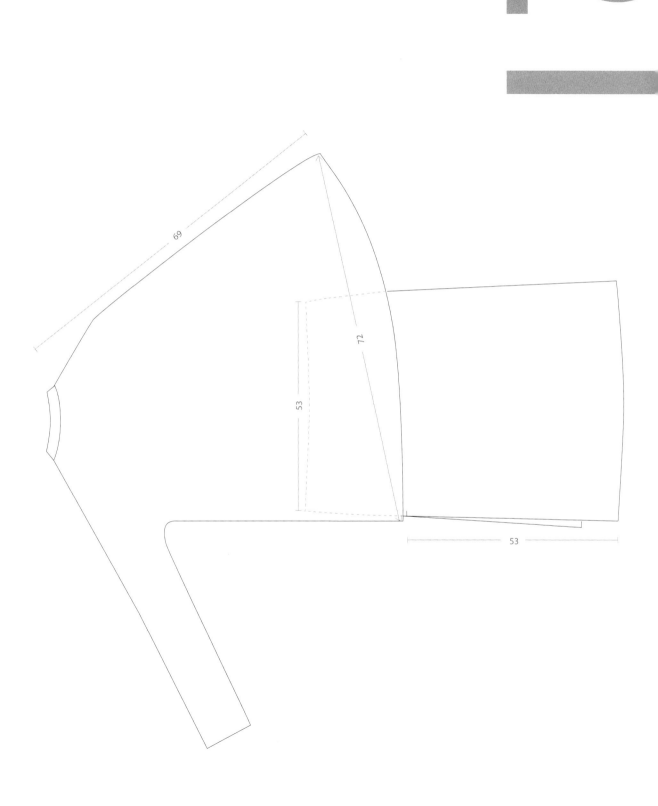

69

72

53

53

Postgraduate student in literary and cultural studies **German, 20+**

Wong, Wai-man Christina 1999
silk wool
hand-knitted sweater coat in coarse gauge

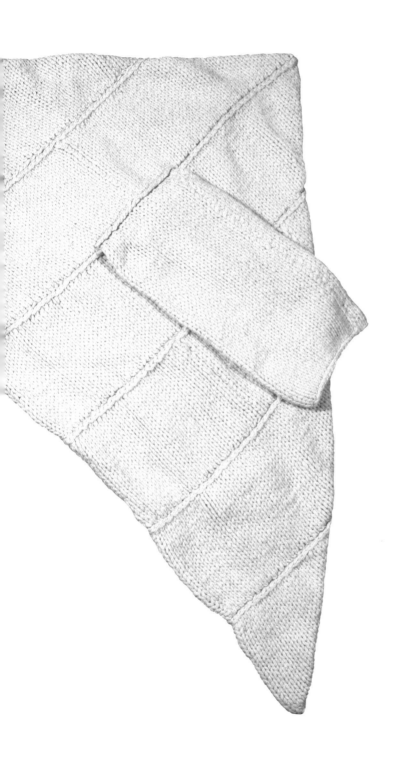

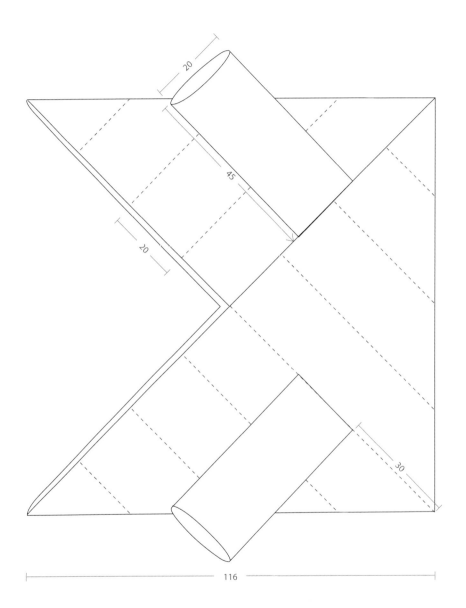

20

45

20

30

116

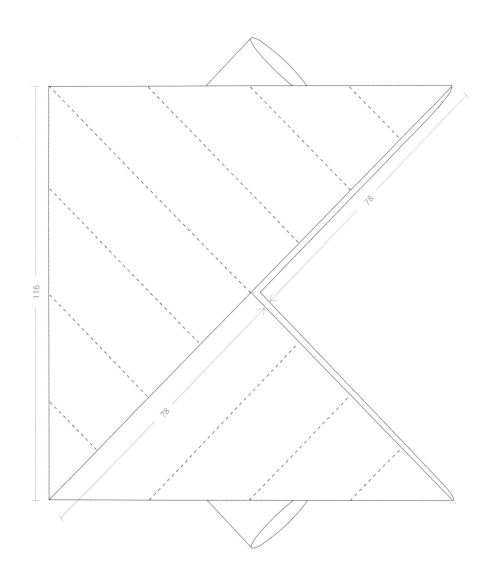

116

78

78

Community art consultant **Chinese, 50+**

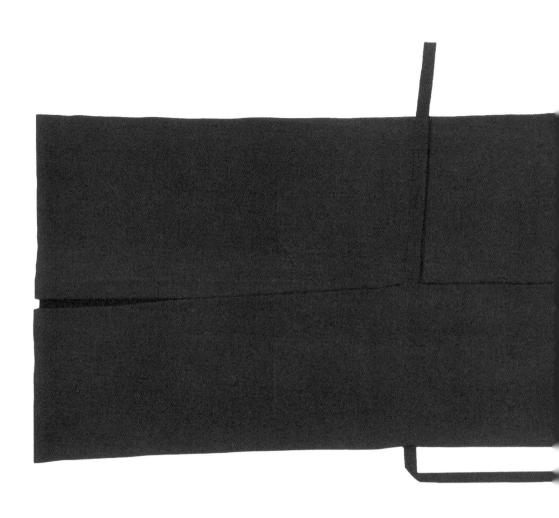

Tsui, Miranda 2003
merino wool
knitted scarf / long cardigan in fine gauge

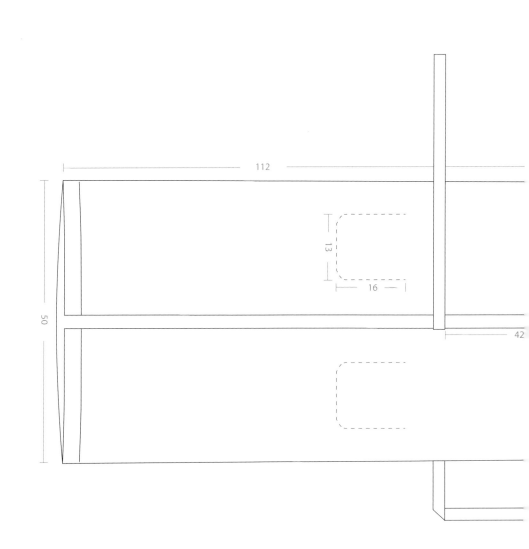

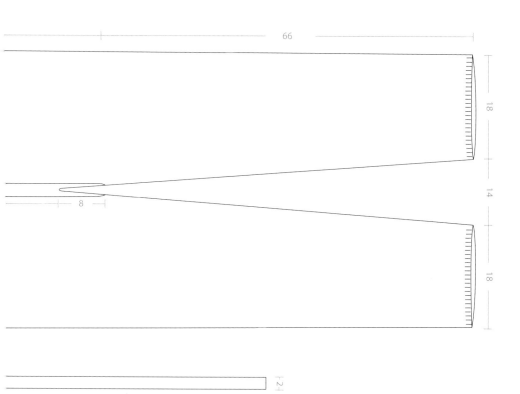

66

18

14

18

8

24

Chan, Ling-ling / lionlady0808@yahoo.com.hk
2001–2004 The Hong Kong Polytechnic University, School of Design, Bachelor of Arts in Design (Fashion) 2002 Honorable mention, Hep Five Fashion Contest, Osaka, Japan 2003–2004 CMA & Donors Scholarship, Hong Kong 2004–2007 Designer, FenixBXB Ltd, Hong Kong 2007– Designer, Peninsula Knitters Ltd, Hong Kong

Chan, Siu-wa / csiu_wa@yahoo.com.hk
2000–2003 The Hong Kong Polytechnic University, School of Design, Bachelor of Arts in Design (Fashion) 2002 Koo's Fashion Scholarship Award, Hong Kong 2002 Internship, Shelley Fox design studio, London 2005– Designer, Fenix Hong Kong Ltd

Kwok, Vann In-wai / iamvann@gmail.com
2002–2005 Hong Kong Polytechnic University, School of Design, Bachelor of Arts in Design (Fashion) 2004 Frank Lin Traveling Scholarship Award, Hong Kong 2004 Internship, BOUDICCA design studio, London 2005 Finalist, Hong Kong Young Fashion Designer Contest 2005– Freelance stylist for movies and commercials, Hong Kong

Tse, Ka-ying / tsemad@gmail.com
1999–2002 Hong Kong Polytechnic University, School of Design, Bachelor of Arts in Design (Fashion) 2002 Young Talent Award 2002, Hong Kong Fashion Design Association 2004 Ten Best Collection, Hong Kong Young Fashion Designer Contest 2004 2003–2007 Designer, "Anteprima Plastiq", Fenix Hong Kong Ltd. 2007– Designer, agnes b Hong Kong Limited

Tsui, Miranda Ngai / mirandatsui@gmail.com
1991–1993 Royal College of Art, London, Master of Art in Fashion Womenswear 1993 Harvey Nichols and American Express Award: The Best Young Generation Designer of Europe, London 1993 I.W.S. and Escada Award (marketing & merchandising), International Wool Secretary and Escada, London 1993–1995 Fashion Consultant, MaxMara Fashion Group s.r.l., Italy 1997–2005 Assistant Professor, School of Design, Hong Kong Polytechnic University 2002 Co-founder, Habitus design space, Hong Kong 2003 Video exhibition 'Places and Paces', Mob_Lab/Photo&Film, the open biennale of the 1st International Architecture Biennale Rotterdam, Las Palmas, Rotterdam, Netherlands 2004 Video exhibition 'Shoe-Stories', Shanghai Biennale 2004, Shanghai Art Museum, Shanghai, China 2005– Product Development Director, Peninsula Knitters Ltd, Hong Kong

Wong, Christina Wai-man / christinawon@gmail.com
1991 The Hong Kong Polytechnic, Institute of Technology and Clothing, Higher Diploma in Fashion & Clothing Technology 1996–1999 Kingston University, London, Art & Design Department, Bachelor of Arts in Fashion 1999 Training contract, Giorgio Armani, Milan, Italy 2000–2003 Senior Designer, Blanc de Chine, Hong Kong 2003–2005 Design Manager, GKS, a division of Hybrid International Ltd, Hong Kong 2005–2006 Chief Designer, Blanc de Chine, Hong Kong 2006– 2007 Freelance Fashion Consultant, Hong Kong 2007– Chief Designer, Blanc de Chine, Hong Kong

Yiu, Frances / yiufrances@gmail.com
2002–2005 Hong Kong Polytechnic University, School of Design, Bachelor of Arts in Design (Fashion) 2004 Internship, Kei Kagami's design studio, London 2005 Fashion exhibition 'Generation Mode', Stadtmuseum Landeshauptstadt, Düsseldorf, Germany 2005–2006 Assistant Designer, Peninsula Knitters Limited, Hong Kong 2007 Assistant Designer, "trèshei", WIS Ltd, Hong Kong 2008– Fashion Designer, TESH Pacific Ltd, Hong Kong

Translation / Biographies / Acknowledgements

平與摺：思考中國服

徐藝

中國自二十世紀八十年代對外開放，各方面進行改革以來，西方人對中國文化的景仰、對東方氣質的追求，漸漸普及，且涉及的範圍由中國的哲學思想至日常生活用品的設計。然而，偏頗的文化理解常常引來不少誤解。東方氣質或者是我這兒將會提到的中國感性，事實上是一門很複雜的學問，就算本土的中國人也未必真正明白甚麼叫中國風格，甚麼叫東方氣質。

中國地域廣闊，歷史也長久得可以，要探討甚麼是中國風格（Chinese style）真是有些難度。不同的族群以及不同的朝代，都有自己的一套文化特色及美學價值，看怕窮一生的精力也未必可以理得清楚。問題是當我們看見一樣中國的器物，無論是來自哪個時期和地區的，直覺會告訴我們它來自中國，或是受中國影響而產生的。這種直覺是怎麼形成的呢？你可以說是源於顏色、造型、圖案、材料等等因素。作為「中國風」（China Chic）的注釋，當然這些是最容易分辨和明白的，也絕對是最能營造「中國風」的商業考慮。這種單靠表面的文化特色而製造的中國風格（Chinese style），一不小心，就會變成純粹用一些空洞的文化符號堆砌出來的異國情調（exoticism），缺乏對符號背後的歷史、傳統和意義的了解。這種手法是相對容易處理和挪用的，就算一個從來不明白中國文化的人，也可以利用這些文化硬件暢快地做一個「中國風」系列。現時讓國際明白的東方氣質也就似乎停留在這個框架裡。

然而，直覺的另一部份可能來自一些很抽象的感性意識。這種感性是慢慢的從整個中國文化和歷史的發展沉澱而來的，是一種結合宗教、哲學和精神的世界觀和人文尺度。這些意識和理念當然不容易在短短的篇幅裡說清楚，但有兩種理念，我認為是最影響中國的美學價值，而令到東西方的器物風格迥異的。

長久以來，中國文化強調對天然資源的尊重（conservation），嘗試用最少的資源、最簡單的方法去處理一件事情，以取得一個最大最長久的成果。我們不會暴殄天物，因為我們疼愛大自然的一草一石如自家的財產；我們不會只管目前的需要，而是看得很遠，想得很周到，希望每一樣創造的東西都可以用上幾代人，可以把資源省起來，留著給將來的孩子用。我們也相信因果的關係，無論從自然界拿走了甚麼，稍後一定要把它補回去，這世界是沒有只取不還那麼便宜的事。所以，幾千年來中國人都崇尚簡單優雅、樸實恬靜的生活形態，用最尊重的方法跟大自然融會共處。

中國文化中，另一個我最欣賞，而跟西方思想成最有趣對比的理念，就是那種形於內，可以意會不能言傳的含蓄。我們相信物件的美感不是建基於漂亮的外表，而是它包含的意義。西方的理論似乎注重發展和表達，我們卻學習怎樣把情感和力量收斂和隱藏。西方人喜歡鑽石的炫目，我們卻傾情於玉石那經長年把玩出來深沉柔和的雲光。他們喜愛把銀器擦得亮亮的，我們卻欣賞在一片黑勤勤裡透出的那絲銀白光暈。西方的思想認為人能改造世界，所以他們利用人力把物件盡量保持簇新的狀態；我們卻欣賞時間及自然界在物件上留下的痕跡和情感。我們追求的是那些表像以下的層次：樸實裡的智慧、平淡下的驚艷，以及歲月沉澱琢磨出來的優雅。我們不在意短暫的炫耀，但在乎天長地久。

說到中西方世界觀及理念上的差異，在服裝上最有趣的例子莫過於中國的旗袍。半世紀以來，如果你問甚麼最能代表中國傳統女服，可能百分之九十以上中外人士或都會蠻有自信地認為是旗袍。對這個答案，我是很有一些意見的。

旗袍是二十世紀初中國在洋務運動後，受西方時尚衝擊下演變而來的服裝。中國人忽然摒棄幾千年服飾文化的傳統，毅然向西方看齊，採用西方的剪裁技巧，認為只有這種洋化的現代性，才能拯救中國在國際上的地位和形象，擺脫清末國家積弱所帶來的羞恥。所以，旗袍的產生無形之中是一種對自家傳統文化的否定和抑壓，是近代中國歷史創傷性的符號。若認為旗袍能代表中國的傳統服飾文化，那也真是個美麗的誤會，這可能是我們對中國幾千年的服飾智慧和文化了解得太少了。

中國和西方服飾文化的發展有這麼大的區別，主要源於兩種截然不同的世界觀和理念。就像我之前指出的那樣，中國的思想主張天人合一，跟大自然和諧共處，互相融會尊重。西方自文藝復興以後，則相信人有能力將世界優化；透過人的創造力，可以令生活更完美。中國人的言行、舉止、衣著和談吐都希望跟周圍的環境共融，以達致整體的和諧；因此，我們的穿衣之道並不是將人物化成被觀賞的主體，而是要變成環境裡一個共融的成員。標奇立異破壞了和諧，不會是我們所追求的。西方的服裝則注重個人化的表現，把壞的修飾改造，好的加以標榜，因此衣服成為了改造人體的工具；他們通過衣服，把自然體態相應時下的美感標準作出修改，以達到更完美的效果。這一來，舒服可能不是最大

的考慮，最要緊是盡量展現自己的長處，讓自己成為環境裡的焦點、被觀賞的對象，這也就切合了西方改進世界的理念，以及崇尚個人主義的哲學。

所以，旗袍絕對是西方文化理念的產物，把幾千年來傳統中國強調平面剪裁和裝飾的服裝，轉變成凸顯身體曲線的洋化現代性衣著。旗袍雖然承襲了一些中國傳統服裝的細節，例如斜襟、企領、花鈕等，但整體的思維是運用了西方剪裁理念，是以人的肢體造型為基礎，透過打褶和多幅的剪裁，立體性地把身體每個部位表露無遺。而中國傳統的服裝理念，是用平面剪裁方法，打褶並不存在。平面的衣服穿在立體的身上，自自然然地產生了身體與衣服之間的空間，身體的曲線也就被隱藏起來。西方的服裝理念，以色彩、造型及比例作為設計的基礎，很少考慮穿者的感受，所謂高度創意的設計往往脫離了衣服的本質，變成了設計師滿足個人創作欲的單向體現。我們關心的，卻是生活在衣服裡的「人」。我們相信衣服應該以人為本，是為身體服務的；人穿著衣服，最要緊是身體舒服，衣服掛在身上瀟洒地隨著身體的動作而流動，不用刻意凸顯身體的每一部位來引人注意。一個身形苗條的女人穿了西服固然好看，但一個中年肥胖婦人把體形盡露於眾人眼前，其刺目程度可以想像。中國衣服的隱藏性，使大小美醜歸於平等。對於肥胖的女性，難道有必要讓人一望而知她的腰圍達三十六吋嗎？中國人是個內斂和含蓄的族群。對於人體，西服意在顯出人體的線條，中裝則意在隱藏之；西方看重實質的視覺比例，我們欣賞的卻是無形的氣質韻味。

這兒記錄的二十三件作品，都是通過對中國傳統服飾工藝和文化感性的認知，結合現代生活形態而製作的。

由於這些作品都是以中國傳統的平面剪裁模式作為想像的平台，因此，當中不少在平面擺放的時候，形狀很富趣味性，有些甚至挑戰讀者的想像力，看著那片平面的東西，還真摸不著怎麼個穿法，更難想像穿起來會是啥個樣子。很多人看著這麼件怪怪的衣服，可能就一笑置之，覺得這些東西準是設計師故弄玄虛，為時裝秀而弄的誇張東西，跟朝九晚五上班族一點也搭不上邊。偏偏，這兒就找來了23位朋友穿給你看。穿在他們身上的，也就是舒舒服服、一件平常的衣服。當然，不得不承認，有些小朋友大朋友初看到自己要穿這麼件「有趣」的東西拍照時，可真哭喪

著臉，覺得自己給蒙了。但穿上之後，他們就捨不得放，老問在哪兒可以買到這些衣服，實在又舒服、又有趣、又完全適合日常穿著，可不可以訂做？每次被問到這些，心裡既高興又難過，這可不就是我要弄這本書的原因嗎？其實，我認識的服飾製作朋友，不少都曾經創作過很多這類有趣的衣服，可惜因為市場的考慮，怕接受的人太少，最終都沒有投入生產。我捨不得這些可愛的作品沒得見天日，因此就想著在這兒把它們記錄下來，起碼往後可以給其他搞服裝製作的有個參考。抱歉的是，由於資源及時間的關係，沒法把這類作品全部收錄。

說起平面剪裁的好處，不得不佩服前人的智慧。那個沒有機器的年代，所有工序都由人手製作，加上中國人對天然資源的尊重，因此一切都以自然簡約為上。同樣縫製一件上衣，如果用平面剪裁的方法，肯定比用西式剪裁的方法簡單直接得多。一件衣服的裁片愈少，以及多用直線條的剪裁，縫製過程就會愈簡單，而節省的人力及時間也就愈多，同時亦減少了裁片與裁片之間的布料浪費。(作品01/06/11/12/16)

還有，平面剪裁的衣服都能平整摺疊，為洗熨、儲存及運送帶來很大的方便，可以省卻不少資源。曾有一位毛衣進口商偏要把毛衣掛在衣架上運往美國。毛衣是平面的、是容易摺疊的服裝，掛起來反而會走樣，而衣架的重量及體積更為運輸帶來莫大的不便，運輸費用當然相應地增加。可惜商人不理，因為他要的是方便，毛衣一到美國就直接可以掛進店子裡賣，省了不少當地的人手；更何況，運輸的負擔全放在生產商的肩膀上，與他無關。倒也不去考究生意上的利害關係，單想想幾十萬隻塑膠衣袋很快便變成垃圾，又怎能不為地球的安危捏一把汗？

或因為崇尚自然的情操，或因為是平面剪裁所形成的特色，中國傳統服裝多是寬鬆肥大，不強調肩線的。這在西方的裁剪概念裡，可以說是不合身，而不合身的背後也就牽引了尺碼的問題。西方貼身的裁剪很明顯地需要許多的尺碼，才能適合不同的體形，但平面寬鬆的衣服就沒那麼多尺碼的限制。有些款式，根本男女老少都可以穿。這下子可樂了，一件衣服，女的可穿，男的可穿，老年人穿得，孩子也不成問題；胖了瘦了，衣服還是可以穿。男女裝的界限模糊起來(作品05/18/19/20)，年齡及身形的服裝分類亦變得意義不大(作品08/10/14)。這種沒有性別

沒有年齡之分的服飾構思，不是時下很多對社會有責任感的西方設計師想推崇的嗎？

除了平面剪裁帶來的特色和好處，這些作品不少還考慮到穿著的可能性及多樣化(作品03/09/15/23)。服裝的穿法不再由設計師單向支配，作品本身只是一個穿著的元素，穿衣者可以主動自由地體驗和發掘穿著的方法，從中得到美感經驗外，還有變化及創作的樂趣。現代城市人不斷追求新鮮感，物件因被厭倦而丟棄的速度愈來愈快，這種用者參與設計(user participation)的構思，也就有望為衣服被保留的持續性作出一點貢獻。

衣服的持續性當然不單單是設計款式的問題，衣服的物料及工藝更是重要的因素。其實，物料的好壞不在於價格(當然不否認價格也是衡量好壞的其中一個標準)，而在它的功能性和舒適程度。衣服是為人體服務的，穿起來不舒服哪能算一件好衣服？簡單來說，天然物料的舒適程度總優勝過人造的東西，若然不是，人就做了上帝了。單想像絲是怎樣紡出來的，種植棉花時灑下的汗水，也就比那些用工業雜渣、石油副產品混出來的人造料子寶貴得多。

只要對中國傳統舊衣飾有一定認知，就會忍不住驚嘆其製作工藝的精緻。在還沒有機器這物事的歲月裡，工匠一針一針地把毛口都收好包好，那密麻麻、一絲不苟的針步整齊得可以媲美機器的製作。襯裡的材料跟主料一樣講究，甚至更漂亮，有時還加上繡花、不同位置的層袋等(作品04/05/07/13/20)。就算一件看上去平凡不過的衣服，看看裡子每每叫你驚艷得不得了。中國人信奉的理念也就是這樣：好的東西不一定要外露，含著低調地著自己欣賞就行了；可見傳統對不外露的部份可能更加重視。所以，如果忽略了對手工的要求，再好、再有趣的款式也不能成為一件出色的作品。不但外露的手工要好，裡面的一針一線以及對每個細節的要求，穿者又怎會感受不到？這兒收錄的作品，都在物料以及縫製工藝上下了一定的功夫。在如今物質過度豐富的社會裡，我想具有這些素質的衣服，才會有基本的說服力，讓穿者好好的保留一段日子，而不會淪為即棄的短命產品。

改革開放以來，中國的變化是奇跡性的，大家似乎認同現代化或跟國際接軌是提高國家競爭力和人民生活素質的唯一出路，因

此大量外來文化在中國極速蔓延，傳統觀念以及本土文化漸被一文不值地拋棄，代之的是西方生活方式的消費文化，這似乎是發展中國家對發達國家無可避免的文化傾慕。問題是，外來文化會否由融合變成取代？現代化是否就等於跟西方看齊？本土化跟現代化是否對立的概念？當本土文化氣質變得越來越模糊，中國感性對生活的意義越來越微不足道時，這一代的中國設計實踐者在有限的資源和時間裡，又可以為保留和發揚本土的智慧和文化做點甚麼呢？

這兒收錄的作品可能不是最好最具創意的，但起碼，我們看到設計師對中國本土文化的一份尊重和熱情，他們希望在一些傳統智慧裡面發掘有趣的元素，作為原創的平台，再結合現代生活的意象、對環境的尊重以及對人性的關懷，嘗試在全面現代化／西化的服裝浪潮裡，重新審視自身文化可提供的選擇。在今天甚麼都講求經濟效益的社會裡，設計原創的價值和重要性更不容忽視。中國雖然已成為世界製造業的生產基地，但對原創的概念和方法還在摸索階段，畢竟，「創意」這名詞源自西方，中國有的是「發展」和「傳承」。當我們不斷追隨及學習西方的設計價值時，有時還真以為自己明白原創是怎麼回事。其實，那可能只不過是取走了別人文化中的一些硬件及技術而已。不同的文化有著不同的價值，我們為甚麼不看看自家的文化智慧可以為自己做些甚麼？老追著別人走過的路可不是原創的辦法，真正原創的動力取決於本土文化的自覺。在如今全球經濟及文化漸趨一體化的大環境中，發展富本土風格的設計工業，應該是提高產品在世界市場競爭力的最有效策略。

這陣子見上朋友，總是好奇的想知道現在市場裡衣飾品牌那麼多，同類設計更數不清，他們選購產品時，價錢之外還會考慮甚麼因素。我的這些朋友給了我一個很好的答案：「產品的誠意」。消費者其實很懂得識別產品有沒有誠意，這誠意除了我以上提到的種種考慮外，還包括所屬品牌作為信息傳達的媒體。衣服不再是單為人體服務的工具，未來的消費除了繼續尋求產品製作上的創意和素質外，產品所含有的信息和文化也是不能缺少的購買動力。也就是說，設計實踐者的能力和視野不能再停留於工匠的層面，而是要成為產品文化的推動者，要對社會、文化和歷史有著省悟和承擔。單是製作一件漂亮的衣服，可不夠哩！

畳める平面：中国服についての考察

ミランダ・ツィー

１９８０年代、世界に向けてその扉を開くとともに、中国はさまざまな分野での改革に着手した。西洋では、ますます、中国の文化を愛好し、中国的な感性を求めるようになっているが、その他のさまざまな側面でも、たとえば中国哲学から日曜的な工芸品に至るまで、この傾向はますます顕著になっているといってよい。しかし、文化というものをアンバランスに理解すると、誤解を生むことがよくある。じっさい、とりわけ東洋的であることについて、特にここでは中国的な感性について考えていこうとしているのだが、これは複雑なもののひとつであり、時には中国人自身にも理解できないことがある。

中国は大国で、その歴史は長い。だから中国的なスタイルとはどのようなものかを端的にいうことは難しい。さまざまなコミュニティがあり、歴史的にみてもさまざまな時期があり、それぞれに個別の文化的特徴や美的特性があるので、もし総括的に理解しようとするなら、どんな人でも一生かかる研究になってしまうだろう。しかし、それを承知したうえで中国の事物をみてみると、どのような出自のものであれ、それが本来中国的なものであるとか、その製品が中国の影響を受けているといったことが直観的にわかるものである。その直観とはどこからくるのだろうか。それを色や形、パターンや素材といった観点から説明することもできるかもしれない。もちろんシノワズリー（中国趣味）という観点からみると、この状況は一番簡単に理解できるのだろうし、シノワズリーの商業化されたものにだったら、誰でも簡単にその枠にあてはめることができる。しかし、中国的なスタイルが、そのような表層的な特徴だけから成り立っているのだと考えるのは、歴史や伝統、象徴的なものに隠された重要なところを理解しないで、エキゾティシズムという空虚な文化的シンボルにひとまとめにしてしまう危険性がある。中国の文化について知識がない人はそのようなハードウエアを、まとめてシノワズリーという端片にしてしまうことがある。ときに西洋で理解されている東洋趣味（オリエンタリズム）は、そのような枠組みでひとくくりにしているように思われる。

さきにふれた直観は、きわめて抽象的な感覚に起因しているのだが、それは長くゆっくりとした中国の文化と歴史の、展開の

道筋すべてにわたって結晶化していく過程を経た結果から生じている。その直観は、宗教や哲学、精神性を結ぶ世界観、ヒューマニズムを示している。このような思考意識や形式を説明するには紙面が少なすぎる。しかし、中国の美意識を形づくる上でもっとも影響力の大きい２つの概念がある。それは、東洋と西洋のアートの間にある様式的な差を明確に導くものである。

中国の文化は、天然資源を大切にすることを強調しているということは広く知られている。つまり資源を最小限に使って、永続性があり、しかも最大限の成果をもたらすためのもっとも簡潔な手段である。世界的に気候変動への不安が高まっているが、中国人は伝統的には無駄遣いをしない——それは、自然のすべては、まるで自分のものであるかのように慈しまれるべきものである、ということである。目に見える風景は短いあいだの必要性のためにしつらえられているのではなく、神につくられしものは何世代にもわたって続くという希望に基づいて、あらゆるものが長い時間をかけて注意深く計画され、資源は子供たち将来のために保たれる。また、中国人はカルマ（業）を信じている。自然から奪ったものはあとで返還されなければならない——だから、ただの食事などというものはない。それゆえわたしたちの、自然にたいする敬意と、自然と一体でありたいという切なる願いとともに、中国人は生活のなかの簡潔、優美、厳格、静謐といったものに、数千年にわたって価値をおいているのである。

中国の文化のはっきりとした特徴は、西洋的な考え方と最も明確な対照をなすものだが、形式よりもエッセンスを強調することであり、暗示のうちにある微かな感覚である。中国人は、ものの美しさは目を楽しませる外見にあるのではなく、そのものが体現している意味にあると考えている。社会歴史学者は、その他対照とする中国人のさまざまな賞賛すべき文化的側面に焦点をあててきた。たとえば、西洋では「表現する」ことに力を注ぐのだが、わたしたちは、さまざまな感情や力をあからさまに表現することを避け、あまりはっきりあらわさない。西洋人はダイアモンドのキラキラ、ぎらぎらした輝きを愛する。いっぽう、わたしたちは、長年愛用してきた翡翠の中にある光の、もやもやと散漫なさまに喜びを見出す。西洋人は銀器を常に磨

いているが、わたしたちは、くすんだ銀のオブジェのなかで光る、かすかな銀の手掛かりのほうを、ずっと楽しいと思う。西洋人は、人間の力が世界を変えることができると信じており、エネルギーを使ってあらゆるものを新しくし続けてきた。わたしたちは、時の流れにしたがって物事に残る痕跡や感情を大切にする。わたしたちは表層の奥にあるものを求める。それは、たとえば簡潔の中にある叡智や、ありふれたものの美しさや、年月を経て培われ生成されていく優美さである。

東洋と西洋の間にある世界観やものの考え方の差異を考えると、服飾における「長衫」（チョンサム：日本ではいわゆるチャイナ・ドレスとして知られているもの）くらい興味深い例はないだろう。これは清王朝（１６４４－１９１１）から共和国の初期にわたって、女性が身につけていた標準的な衣服である「旗袍」（チーパオ：ここではゆったりとした中国服を指す）の、身体にぴったり沿うバージョンといってよい。この半世紀のうちで中国人女性の衣服としてもっとも代表的なものは何かと聞かれれば、西洋、東洋を問わずまちがいなくほとんどの人が「長衫」であると答えるだろう。しかし、この答えはいましばらく保留にしておきたい。

「長衫」は、２０世紀の転換期に出現した、西洋のファッションに影響を受けたものである。当時中国は、まさに近代化（西洋化と置き換えてもよい）の波を受けており、中国人は一夜にして服飾における数千年の伝統と慣習を刷新し、西洋を真似た服装をすることに決めたのである。最後の皇帝の下で弱体化した国家によってもたらされた恥辱の結果として、中国の失墜した国際的立場とイメージを、西洋的な近代化だけが救うのだと信じて、西洋の仕立て技術がとりいれられた。「長衫」の出現は、近代化した中国が苦しむトラウマの象徴であるのと同時に、あきらかに、伝統というものの暗黙の抑圧と否定なのである。この意味において、「長衫」が中国の代表的な伝統的ドレスであるというのは、たとえそれがロマンティックであるとしても、誤っているし、これは、中国の衣服についての長く続いている哲学や文化を十分に理解していないことに起因しているといっていい。

西洋と東洋の間にある差異は、それぞれの服飾文化の展開という観点でみると、世界観や思考の明らかな差から生じていると考えられる。さきに示したように、中国人は人間と自然の間の結びつきを信じているのであり、そのふたつは、相互に支えあいながら平和に共存している。反対に西洋は、ルネッサンス以来、人間が世界をより良くする力を持ち、人間の創造性によって生活はより向上する、という信念に基づいてきたように思われる。中国人の暮らし方、振舞い方、そしてまさに服装は、環境と共存すること、つまり協調と全体性と適合してきたのである。このような服装の位相は、人を鑑賞物にしようとするのではなく、環境の有機的な一部分となそうとする。きわ立つのは、そのような調和を壊そうとすることであり、それは中国人がすることではない。対照的に、西洋の衣服は個人を主張することであり、主体性を強調し、欠点を直していくことである。それゆえ衣服は、人間の身体を成形するための道具であり、その時代の美意識に従って、その人の自然の姿を、完全物へと仕上げる装置となる。よって、その人が関心の中心になるように、見られる「もの」となることを切望するのに応じて、「見せる」ということへの関心のなかで快適さは後方へと追いやられる。これは、まさに西洋的な、世界は進歩するという理念、個の賛美の思潮と連動しているといっていい。

それゆえ「長衫」は、議論の余地なく西洋的な考え方の産物であるということができる。この衣服は、平らで二次元的な裁断と装飾という長きにわたる中国の伝統を、身体の曲線をあらわにすることに焦点をあてた西洋的、近代的感性へと変換させたのである。「長衫」が伝統的な中国の衣服の、特徴のいくつか（たとえば、直角に重なった前立てや、マンダリン・カラー、チャイナ・ノットなど）を引き継いでいるにしても、全体的なコンセプトは、基本的には西洋の仕立て法を手本としている。ベースとしての人間の姿態に、ダーツやパネルがそれぞれの身体の部分を三次元的に提示するためにかたちづくられる。いっぽう、伝統的な中国のパターン・カッティングは、ダーツを使わない二次元の形に基づいている。したがってこれを三次元的なものである身体が身につけると、身体の曲線はぼかされることになる。衣服の色やシルエット、プロポーションといったものは、西洋におけるファッション・デザインの基盤を歴史的に

形成してきた。このことは衣服を着る人の快適さよりも優先されている。現代のハイ・ファッションのなかには、衣服の根本にある本質を見失い、デザイナーの創造的欲求のための自己中心的な道具になっているものがよくある。これにたいして、中国の衣服は、このいちまいの服のなかで、あるいは服とともに生活する人を気遣っており、ここでは衣服は、本質的に着る人本位である。服は身体に仕えるためにつくられる。それゆえ、快適さは最大限に優先される。衣服は身体にゆるくうち掛けられ、身体とともに動き、身体のどの部分をも、あからさまに、または故意に際立たせることはないし、注意を喚起することもない。美しい肢体のファム・ファタルは疑いなく、身体にぴたりと沿う西洋的スタイルにおいてこそ素敵だが、残念ながら、わたしたちの場合には同じことがいえそうにない。しかし、中国の衣服は、その、「性質を隠す」という美徳によってこれと同列になるのである。太った人にとって、自分が９２センチのウエストの持ち主だと世間に表明するのは、あまり喜ばしくないことではないだろうか。おそらく、これこそが中国的なぼかしや曖昧さの志向である。自分の姿態を世間の目に晒すより、わたしたちの衣服はそれを隠喩的なベールの下におく方を選ぶ。西洋のファッションでは、目で見てはっきりわかるプロポーションに焦点をおくが、その言いようのないオーラと感性はわたしたちの目をひきつける。

ここに提示される２３の作品は、伝統的な中国の衣服づくり、その技巧と文化、現代的生活についての意識の総合体として制作されたものである。

伝統的な、中国の二次元的な裁断に想像性に富む解釈を加え、すべての作品が、平らに置いたとき、きわめて興味深いかたちを示す。それらは、見る者の想像力に挑戦状をつきつけている。いったいどうやってこの平らなものを身につけることができるのだろうか。これを着たらいったいどういうふうに見えるのだろうか。ただ肩をすくめ、なにかのファッションショーのための、そのデザイナーの持ち分にあわせてしつらえた自意識過剰な思いつきのせいにして、９時－５時というライフスタイルの自分には何の関係もない、と思ってみたりする人もいるだろう。しかし、である・・・ここで２３人の人によってモデリ

ングされたデザインをなんの気なしに見ると、その作品が実際には、自分にとってとてもお気に入りのジーンズのように、どこまでも伝統的に作られたものと同じく、たいへん快適に作られていることがわかるだろう。モデルが撮影にやってきて、そのたいへん「おもしろい見かけの」デザインを目にした時、何人かの大人や子供が、＜ああ、あるある、こういうの＞という表情を見せたのである。しかし、ひとたび身につけると、なかなか脱いでくれようとしなかった。「これってどこで買えるの？」と皆が口にしたのである。彼らは、その服がほんとうに着心地が良く、ふつうっぽくなく、実用的であることに驚いていて、どこで注文できるのか知りたがった。これこそが心に響く問いなのだった――最初にこの本を出したいと思ったのは、まさにこの理由だったのではないか。知人である多くのデザイナーは、このような実験的な衣服をつくっているのだが、ビジネス上の理由で、製品化する手前で止まってしまう。これらのすばらしいクリエイションが永遠に人の目に触れずに隠されてしまうことがないように、これらを記録し、少なくとも他のデザイナーに対する参考となるようにと望んだのである。時間上、資金上の制約から、ここではそのうちいくつかを撮影することにした。

二次元的な裁断がもたらす利点を考えると、先人たちの賢智に驚くほかはない。機械が存在せず、すべてのものが手仕事で作られねばならず、天然資源が守られねばならなかった時代には、ミニマリズムがある種の鍵だった。二次元的なパターンは、たとえば身体にぴったりと沿った西洋的な衣服のような三次元的なものより、実際に制作するにはずっと容易で簡単である。パネルが少なく、ラインがまっすぐであればあるほど、また、製品化の過程が簡単であればあるほど、ひるがえって、より多くの労力、時間、材料が節約できる。(01/06/11/12/17)

平らに裁断された服はきちんと畳むことができ、きちんと洗濯でき、アイロンをかけることができ、収納することができるし、より簡便に輸送することができ、資源を節約することができる。あるニットウエアのトレーダーは、自分のところのニットをアメリカに運ぶ際、全部をハンガーにかけて運ぶのだと言っていた。セーターは、本来平らでたたみやすいものである。

それに対して、ハンガーにかけると伸びて形が崩れてしまう。さらに、ハンガーの重さとボリュームが、輸送には不便だし、不必要に高い空輸費がかかることになる。それにもかかわらず、このトレーダーはそのような問題を無視し、セーターがアメリカに到着した瞬間、販売用のレールにそのまままっすぐ載ることだけにもっぱら関心を注ぐ。おそらく彼はアメリカの労力を節約していることになるが、そのかわり商品を輸送する製造業者に過度の困難がかかっているのである。利害のことはおいておくとして、何万ものプラスチックのハンガーが埋立地に向かうというのは、それ自体地球にとって憂うるべき予想図である。

おそらく、自然らしさというものへの中国人の親近感のため、あるいは二次元的な裁断から生じる顕著な特徴として、伝統的な中国の衣服は、肩線が強調されず、ルーズフィットでゆったりしていることが多い。これが、西洋の仕立て職人の目には、フィッティングを誤っていると思われる。しかし、フィットが良くないということは、逆にサイズというものを含みこんでいるということである。身体に沿う西洋風の裁断はさまざまな肢体に見合った、異なった多様なサイズの必要性を前提とする。単純に考えて、このようなことは平らでルーズな仕立て法では生じない。あるデザインは、男女どちらでも、どんな年齢の人にも使えるユニヴァーサルなものである。体重や、身体のサイズの変動に応じて新しい服を買う必要もない。また、両性的というか、どちらの性別にも特定されることがないデザインもあり(05/16/19/20)、年齢や体型によってデザインすることは重要ではない(08/10/14)。そのような可能性に熱意をもつような、社会的意識の高い現代の西洋人デザイナーも示すことができる。

平らな仕立ての衣服について、もうひとつ明らかな要素をあげておくのがいいだろう。それは、多くのデザインが多様性と柔軟性を志向している点である(03/09/18/23)。衣服そのものが「身につける現場」の部分に至ると、その服がどのように身につけられるのかは、もはやデザイナーに影響されるものではない。着る者には、積極的にひとつの衣服を着る多様な方法を開拓し、実験する自由があるのであり、その過程は創造的であると同時に美的なものになる。現代の都市生活者は鈍感であるこ

とが多い──ものというのはどんどん時代遅れになっていくものであり、ますます速い速度でうち捨てられていく。こういうユーザーにとって、いろいろに服を着る、というやり方に参画することによって、望ましいことに衣服の寿命はかなり延びる。

いちまいの服の寿命はデザインだけに依っているのではない。服というものに含まれる素材や職人の技が、実際もっと重要な要因である。値段というのは一種の指標ではあるが、素材の質は必ずしも値段によって決まるのではなく、機能性と快適さによって判断される。服は人間の身体のために作られる──つまり、快適でない服は良くない。簡潔にいうと、天然素材が常に人工的な素材よりも優れている。絹がどのように生み出されるのか、綿が栽培されるときにどれほどの労力が費やされるのかを考えてみるとよい。このことだけでも、天然素材が工業的な浪費と石油という副産物から作られる人工素材よりもはかりしれない価値があるということを示している。

伝統的な中国の衣服について知れば知るほど、その職人技（技巧）のすばらしさに感銘をうけずにはいられない。機械の時代以前には、服は職人の手でひと針ひと針縫われていた。ステッチはとても細かく、仕上げは細部にまで気が配られているので、工業ミシンで縫ったどんなものにも決して劣ることはない。表側の素材と同様、裏も印象的である。さらに、考え抜かれた刺繍の位置や重なったポケット（04/05/07/13/20）などがある場合もある。一見しただけではふつうの服となんら変わらないように見えるが、裏は、もっとよく見ようと思う人にはうれしいだろう。これはまさに、もっとも質の良い服は公衆の面前に示されるだけでなく、これと同様、自分だけの楽しみのために持っていることが喜ばしい、という中国人の信念に一致する。中国の文化では、隠されたもののほうがより大切であるというのはよくいわれることである。それゆえ職人の技がないのだとすると、どれほど興味深いデザインでも素晴らしいとはみなされないだろう。すぐれた職人技は、目に見えるような外側に施されるだけではなく、着る人が直接感じるものなので、内側のひとつひとつのステッチや細部が重要である。このコレクションの中のデザインはすべて、生地や仕上げについて細心の注意を表している。このように、わたしたちの周囲にある素材

の豊富さとともに、衣服の質が高いということは重要なことである。消費者にとっては、このことは服の寿命を保つことであり、そうして服が、短命ですぐ捨てられてしまうのを避けることができる。

改革開放以来の中国の変化は奇跡的というほかない。近代化と国際社会への開放が、表面的には中国の競争力を高め、人々の生活の質を上げた。海外の文化は、今までにないほど速度を増して入ってきて、中国に影響を与えている。このような過程で、伝統的な考えや固有の文化は価値がないとみなされ、だから、なくてもよいものとされ、西洋的な消費生活のためにわきに追いやられる。悲しいことに、これは発展中の国の悩みであるように思えるが、彼らは先進国の文化を熱心にまねようとする。そこで重要な問いが残る。すなわち、外国の文化は、その元の文化に溶け込むというより、それにとってかわるのだろうか。近代化は西洋化と抱き合わせであるべきなのだろうか。地域性があるということは、概念上、必然的に近代化に反するものなのだろうか。その国のもともとの文化の感性がどんどんはっきりしないものになっていき、その感度がますます生活にとって重要でなくなっていくとき、自分たちの文化と遺産を守り、推進していくために新世代の中国人デザイナーができることはあるのだろうか、と問わなければならない。

ここに集められた作品は最高のものではないかもしれないし、究極のクリエイティヴでないかもしれない。しかし自らの固有の文化に敬意と愛情をあらわし、伝統的叡智から、革新の基礎となる伝統の感覚、好奇心をそそる要素を開拓しようとしているといってよい。現代の生活からの想像力と、環境や人間性への関心を結びつけることによって、近代化と西洋化の大いなる流れのただなかで、これらの作品は自分たちの文化における可能性を再考しはじめたのである。

わたしたちの社会の、現在のようなグローバル化経済の傾向のなかで、デザインの独自性についての価値や重要性はひじょうに大切である。中国は世界の製品の主な供給者となっているが、いまだデザインの独自性への道を探っているところである。「革新」というのは西洋的な概念であるという人もいるだ

ろう。中国に常にあるのは「遺産」である。オリジナリティというものをすでに理解していると考えて、欺かれているのかもしれない。——西洋的デザインの価値を追い求め、採用しようとしていく過程で——そのとき、おこったことすべては、西洋のハードウエアとテクノロジーのある局面を獲得した、ということである。多様な文化は、多様な価値を体現する。わたしたちは自らの文化を見て、どのような洞察と可能性が提示されるのか眺めないのだろうか。すでに他の人が踏んだ道を歩くことはもはやオリジナルではない——革新とは自らの文化に気付いているかどうか次第なのである。グローバル化が現在の経済や文化の規範を決めると、デザイン産業は、国際市場でより競争力のある製品を作り出すのに最も効果的な戦略をつくるだろう。

友人に会うと、いつも値段以外で何に基づいてものを買うか聞いてみる。そして、とりわけ今のファッション市場が、それぞれの製品にほとんど差がないようなさまざまなブランドに、どのように占拠されているのか考える。いうまでもなく彼らは皆、賢明にも「製品の誠実さ」だという。誠実さは、他のより現実的な要素のなかで、あるブランドについて、そのメッセージを伝えるメディアとしてのその製品の位置付けはどのようなものか、ということを含んでいる。服は、もはや人間の身体の機能的必要性に奉仕する産品というだけではない。製品の創造性や質のほかに、その中に体現される文化的あるいは他のメッセージが、おそらく、ものを買おうとするときの選択に影響する。このことが心のなかにあると、デザイナーは自分の能力やビジョンを実作のレベルにとどめておくのではない。彼らは、社会、歴史と文化を深く意識する製品文化をうちたてる推進力となる必要性がある。もはや人が振り向くような服を作り出すだけでは十分ではないのだ。

Plats et pliés: un point de vue sur le vêtement chinois

Miranda Tsui

Depuis son ouverture au reste du monde dans les années 80, la Chine s'est lancée dans une série de réformes qui touchent des domaines variés. L'admiration de l'Occident pour la culture chinoise et sa quête d'une sensibilité chinoise sont des phénomènes grandissants qui se manifestent dans de nombreux domaines, de la philosophie chinoise à la conception d'objets de tous les jours. Néanmoins, les déséquilibres sur la façon de percevoir une culture conduisent souvent à des malentendus. En réalité – que ce soit l'orientalisme, ou ce que je présenterai ici comme la sensibilité chinoise – il s'agit d'un phénomène complexe qui échappe parfois aux Chinois eux-mêmes.

La Chine est un grand pays ayant une longue histoire. Il n'est pas facile de définir exactement ce que pourrait être le style chinois. Des communautés différentes à des périodes variées de l'histoire ont développé leurs propres caractéristiques culturelles et esthétiques qui nécessiteraient sans doute une vie de recherche pour en faire l'étude exhaustive. Ceci dit, lorsque nous voyons un objet chinois, quelle que soit sa provenance ou son époque, notre instinct nous indique souvent qu'il est effectivement d'origine chinoise ou qu'il reflète des influences chinoises. La question se pose : d'où nous vient cet instinct ? Certains essayeront de donner une explication en détaillant des caractéristiques telles que la couleur, la forme, le motif ou la matière. Evidemment, en tant que définition des chinoiseries cette façon de procéder est sans doute la plus accessible et certainement celle qui est le plus aisément adoptée pour le négoce de chinoiseries. Cependant, définir le style chinois uniquement à partir de caractéristiques aussi superficielles risque de le réduire à un type d'exotisme composé du simple assemblage de symboles culturellement vides, faisant abstraction de leur valeur historique, traditionnelle et de leur sens profond. Sans connaissance de la culture chinoise, n'importe qui pourrait alors concevoir rapidement et facilement une chinoiserie en assemblant ces pièces détachées. A l'heure actuelle, l'orientalisme tel qu'il est compris en Occident semble enfermé dans un tel cadre.

Notre instinct peut également provenir de certaines sensibilités très abstraites, fruits d'un long et lent processus de cristallisation qui a suivi le cours du développement culturel et historique de la Chine. Elles représentent une vision du monde et une forme d'humanisme combinant religion, philosophie et spiritualité. Ces idées et cette forme de connaissance ne peuvent pas être expliquées facilement en quelques pages. Il existe cependant deux concepts qui, je pense, ont le plus influencé la formation de l'esthétique chinoise et ont conduit à des différences de style claires entre les objets produits en Orient et ceux produits en Occident.

L'importance de la conservation des ressources naturelles est un élément de la culture chinoise largement reconnu; l'objectif étant d'utiliser un minimum de ressources et les moyens les plus simples pour obtenir des résultats maximaux durables. Malgré les craintes internationales croissantes liées aux changements climatiques, culturellement, les Chinois ne sont pas gaspilleurs – tout ce qui vient de la nature est respecté comme si c'était un bien personnel. La vision n'est pas fixée seulement sur les besoins à court terme et tout est soigneusement planifié pour le long terme avec l'espoir que ce qui est fait durera des générations et que les ressources seront protégées pour nos enfants dans le futur. Les Chinois croient également au karma. Tout ce qui est prélevé dans la nature doit être rendu et il n'existe rien qui ne se paie. Ainsi, du fait de notre respect de la nature et de nos aspirations pour ne faire qu'un avec elle, les Chinois ont privilégié durant des milliers d'années la simplicité, la grâce, l'austérité et la tranquillité.

Un élément distinctif de la culture chinoise, celui que je trouve le plus en opposition avec la façon de penser occidentale, est l'importance de la nature cachée des choses et le sens subtil de l'implicite plutôt que celui de leur forme. Les Chinois croient que la beauté d'un objet ne réside pas dans son apparence et son aspect plaisant à l'œil mais plutôt dans la signification profonde de ce qu'il représente. Les historiens en sociologie ont souligné d'autres différences de nos cultures respectives. Par exemple, l'idéal occidental met en avant l'expression alors que nous nous restreignons pour éviter les expressions visibles d'émotion et de pouvoir afin de les rendre moins lisibles. Les Occidentaux aiment le brillant et le clinquant des diamants alors que nous, nous préférons nous régaler d'un vague halo de lumière trouvé dans une pierre de jade appréciée et manipulée pendant des années. Les Occidentaux gardent leur argenterie rutilante alors que nous prenons plaisir du plus petit rayon qui brille à travers l'objet d'argent terni. Ils croient dans le pouvoir de l'homme à changer le monde si bien qu'ils dépensent leur énergie pour tout garder artificiellement beau et neuf. Nous, au contraire, nous apprécions les marques et les sensations laissées sur les choses par le temps et les éléments. Nous cherchons ce qui est caché sous la surface : sagesse dans la simplicité, beauté dans l'ordinaire et grâce cultivée et sculptée par le temps.

Pour ce qui est des divergences de vision du monde et de façon de penser entre l'Orient et l'Occident, il n'est pas d'exemple plus intéressant dans le domaine de la mode que le *cheongsam*, la version moulante du qipao, une sorte de robe, vêtement de femme usuel porté sous la dynastie Qing (1644-1911) et pendant les premières années de la République de Chine. Faites un sondage pour déterminer quel est le vêtement féminin chinois le plus représentatif du dernier demi-siècle, la plupart des gens, qu'ils soient orientaux ou occidentaux répondront sans doute avec assurance le *cheongsam*. Néanmoins, personnellement, j'émets des réserves.

Le *cheongsam* est apparu au début du 20ième siècle, sous l'influence de la mode occidentale. A l'époque, la Chine venait de connaître une vague de modernisation - comprendre « occidentalisation » - et du jour au lendemain, le peuple chinois renonça à des milliers d'années de pratiques et traditions vestimentaires dans sa détermination à copier l'Occident. Les techniques de coupes occidentales furent adoptées en s'imaginant que seule cette modernité venue de l'Occident permettrait de préserver standing et image de la Chine, dégradés par la honte d'une nation très affaiblie sous le règne de ses derniers empereurs. Pour beaucoup, l'émergence du *cheongsam* fut effectivement un refus tacite et un rejet de la tradition mais aussi un symbole du traumatisme subi par la Chine à l'ère moderne. En ce sens, toute romantique qu'elle soit, l'idée que le *cheongsam* puisse représenter le vêtement traditionnel chinois est erronée, résultant peut-être d'une perception appauvrie de la philosophie et de la culture anciennes du vêtement en Chine.

Dans le domaine de l'évolution de la culture vestimentaire, je pense que les différences entre l'Orient et l'Occident émanent de leurs profondes divergences de vision du monde et de façon de penser. Comme je l'ai déjà indiqué, les Chinois croient à la synergie entre les êtres humains et la nature, les deux ayant une coexistence pacifique dans le respect mutuel. Par opposition, il semble que depuis la Renaissance, l'Occident table sur la croyance au pouvoir des hommes de rendre le monde meilleur et sur leur faculté d'améliorer la vie grâce à la créativité humaine. Le mode de vie, le comportement et bien entendu la façon de s'habiller des Chinois ont toujours tendu vers une symbiose avec l'environnement pour atteindre harmonie et holisme. Ce type vestimentaire ne vise pas à transformer une personne en objet de contemplation mais aspire plutôt à l'intégrer à l'environnement en tant qu'élément organique. Se singulariser signifie rompre cette harmonie et n'est pas ce que recherchent les Chinois. De leur côté, les vêtements occidentaux s'attachent au message individuel en corrigeant les défauts tout en recherchant la mise en valeur des atouts. L'habit devient ainsi un outil pour modifier le corps humain et l'instrument par lequel améliorer la silhouette de l'individu, en conformité avec l'esthétique de l'époque. De là, le confort est souvent sacrifié au profit du paraître nécessaire pour être le centre d'attention, la chose à voir. Ce qui, j'en conclue, est parfaitement conforme avec les idéaux occidentaux d'amélioration du monde et de vénération de l'individu.

J'en reviens alors au *cheongsam* pour démontrer qu'il est sans conteste un produit de la façon de penser occidentale. Celle-ci a transformé une tradition chinoise millénaire d'une coupe et d'une ornementation plate à deux dimensions en une mode version occidentale modernisée, axée sur la mise en valeur des courbes du corps. Bien que le *cheongsam* ait hérité de certaines caractéristiques du vêtement chinois traditionnel (tels que les pans diagonaux qui se recouvrent, le col mao ou les boutonnières chinoises), le concept global est fondamentalement modelé sur une coupe occidentale : le corps humain est pris comme base, pinces et panneaux sont façonnés pour faire ressortir en trois dimensions chaque partie du corps.

Le patron traditionnel chinois, à l'inverse, est fondé sur des formes planes, sans pinces. Lorsqu'ils sont portés sur un corps tridimensionnel, les vêtements plats créent naturellement de l'espace entre le corps et le vêtement en occultant les courbes du corps. Couleurs, silhouette et proportions forment le fondement historique de la création de mode à l'Occident et ces critères ont sans doute acquis la priorité par rapport au confort de la personne les endossant. La haute couture contemporaine perd souvent de vue l'essence fondamentale du vêtement qui devient le support égocentrique des désirs du styliste. Le vêtement chinois contraste en ce qu'il se soucie de la personne qui vit entre les pans de tissu et en ce que le vêtement est d'abord adapté à son utilisateur. Les vêtements sont faits pour servir le corps si bien que le confort est une priorité essentielle. Un vêtement doit simplement se porter facilement sur le corps et bouger avec lui sans faire ressortir de façon précise et délibérée chaque partie ou ensemble de l'anatomie pour y attirer l'attention. Sans aucun doute, une femme fatale bien proportionnée est belle dans des vêtements occidentaux enveloppant sa silhouette, malheureusement, il est difficile d'en dire autant pour tout un chacun. Au contraire, le vêtement chinois, du fait de ses qualités couvrantes, est considéré comme un grand égalisateur. Pour les gens corpulents, je ne comprends pas quelle satisfaction il y a de diffuser au reste du monde qu'il ou elle est l'heureux détenteur d'un tour de taille de 100. Peut-être est-ce aussi la préférence chinoise pour l'implicite et la finesse. Plutôt que d'exposer sa ligne à l'attention du public, nos vêtements choisissent de la placer sous un voile métaphorique. Et alors que la mode occidentale se concentre sur les proportions visuelles manifestes, c'est une aura et une sensibilité indicibles qui attirent notre œil.

Les vingt-trois réalisations présentées dans cet ouvrage sont toutes des créations qui font la synthèse entre un savoir-faire respectant la confection traditionnelle de vêtements chinois sur le plan artisanal et culturel d'une part et la vie moderne d'autre part.

Parce que toutes les réalisations sont des interprétations réinventées de la coupe bidimensionnelle traditionnelle chinoise, lorsqu'elles sont posées à plat elles présentent des formes extrêmement intrigantes. Elles font appel à l'imagination de celui qui les regarde : comment diable est-on sensé enfiler cette chose plate ? Et à quoi vais-je ressembler ? Certains hausseraient simplement les épaules, y trouveraient une bizarrerie de la part d'un créateur prétentieux soucieux de l'intérêt de son défilé, et décideraient finalement que cela n'a rien à voir avec eux et leur style de vie bien régenté. Jusqu'à ce que... Jusqu'à ce qu'ils voient les modèles réalisés par 23 créateurs comme ils sont et qu'ils constatent que ces créations sont en fait des vêtements très confortables qui peuvent être aussi conventionnels que leur jeans préféré. Il faut le reconnaître, l'expression de certains modèles (qu'il s'agisse d'enfants ou d'adultes) avaient bien un air de « je me suis fait avoir ! » lorsqu'ils sont arrivés pour la séance photo et qu'ils ont découvert ces « intéressantes » créations. Une fois enfilées cependant, il devenait difficile de les persuader de les retirer. « Où puis-je m'en procurer ? » était la question venant ensuite sur toutes les lèvres. Ils étaient vraiment surpris de réaliser combien ces vêtements étaient confortables, originaux et pratiques et voulaient savoir où passer commande. Pour moi, c'était une question prégnante – N'était-ce pas la raison même pour laquelle j'avais voulu réaliser ce livre au départ ? De nombreux créateurs que je connais ont réalisé des vêtements innovants comme ceux-ci mais tous ont renoncé à les passer en production à cause de considérations commerciales. Ne voulant pas laisser ces superbes créations au secret pour toujours, j'ai décidé d'en garder une trace en espérant qu'elles serviront de référence à d'autres créateurs. Avec regret, limitée en moyens et en temps, seules quelques-unes ont pu être photographiées ici.

Constatant les avantages d'une coupe bidimensionnelle, on ne peut que s'émerveiller de la sagesse de nos prédécesseurs. A une époque où la mécanisation était inexistante, où tout était fait à la main et où, afin de préserver les ressources naturelles le minimalisme était la clé. Un patron bidimensionnel était plus simple et plus facile à réaliser qu'un patron tridimensionnel de référence pour l'habit occidental qui enveloppe le corps. Moins il faut de panneaux, plus les lignes sont droites, plus simple sera le processus de production et de là, les

économies de main-d'œuvre, de temps et de matière. (création01/06/11/12/17)

Les vêtements plats peuvent être pliés soigneusement ce qui rend le lavage et le repassage, le rangement et le transport bien plus pratiques et économiques. Un négociant en tricots exige qu'on lui livre aux Etats-Unis tous ses chandails pendus à des cintres. Les chandails sont par nature des vêtements plats, faciles à plier. Au contraire, les pendre les déforme. De plus le poids et le volume des cintres rendent le transport peu pratique et génèrent des coûts de fret plus élevés qui pourraient être évités. Pourtant, le négociant ne prend pas en compte toutes ces considérations car son seul souci est de voir les chandails passer directement en rayons pour une mise en vente immédiate à leur arrivée en Amérique. Il économise peut-être en main-d'oeuvre américaine mais il impose des difficultés superflues au producteur pour le transport de ses marchandises. Préoccupations commerciales mises à part, la pensée que des dizaines de milliers de cintres en plastique finissent à la décharge est une perspective assez effrayante pour la planète.

Soit parce qu'il est lié à l'affinité des Chinois pour le naturel, soit parce que c'est une caractéristique propre à la coupe horizontale, le vêtement traditionnel chinois est souvent ample et volumineux sans emphase sur la ligne des épaules. Aux yeux d'un tailleur occidental il serait considéré comme mal ajusté. Toutefois l'idée d'un mauvais ajustement présuppose la notion de taille. La coupe occidentale ajustée au corps nécessite la définition de nombreuses tailles différentes qui conviennent à des silhouettes variées, une préoccupation qui n'existe pas avec une coupe ample à plat. Certains modèles ont un usage universel pour les deux sexes et tous les âges. Il n'est pas nécessaire non plus de racheter des vêtements en fonction des fluctuations du poids et de là, de la taille. Les modèles sont potentiellement androgynes, ils ne sont pas réservés à un sexe en particulier (création05/16/19/20), si bien que créer en fonction de l'âge ou de la taille est hors de propos (création...Moore, Diane). On peut aisément imaginer un créateur occidental socialement éveillé se délecter de telles possibilités.

Il est intéressant de mentionner qu'une autre qualité notable des vêtements coupés à-plat est de permettre aux créations variabilité et flexibilité (création03/09/18/23). La façon dont une certaine pièce vestimentaire sera portée n'est plus dictée par le créateur puisque le vêtement fait lui-même partie de « l'acte de porter ». Celui qui revêt le vêtement a toute liberté d'explorer activement, de tester et d'expérimenter différentes manières de le porter si bien que ce processus devient à la fois esthétique et créatif. Le citadin contemporain est souvent blasé – les choses sont démodées et rejetées à un rythme sans cesse plus rapide. Avec cette sorte d'implication participative de l'utilisateur et un peu d'optimisme, la durée de vie d'un vêtement pourrait être considérablement allongée.

La longévité d'une pièce vestimentaire ne dépend pas seulement de son modèle. La matière et la qualité du travail qui y est investie sont en fait des facteurs plus importants. La qualité du matériau n'est pas nécessairement fonction du prix (même si le prix est souvent un bon indicateur), il est évalué d'après son utilité et son confort. Les vêtements sont fabriqués pour le corps humain – un vêtement qui n'est pas confortable n'est pas bon. En d'autres mots, les matériaux d'origine naturelle sont toujours meilleurs que ceux d'origine synthétique. Pensons à la façon dont est produite la soie et au dur labeur nécessaire pour produire le coton. Rien que pour cela, les matières naturelles ont sans commune mesure plus de valeur que les matières synthétiques faites de déchets industriels et de produits dérivés du pétrole.

Avec une connaissance plus approfondie du vêtement traditionnel chinois, on ne peut qu'être émerveillé par la finesse remarquable du travail. Avant la mécanisation, les vêtements étaient cousus main par les artisans, couture par couture, point par point. Les points sont si fins et le fini si méticuleux qu'ils rivalisent avec n'importe quelle pièce sortie des machines à coudre industrielles. Les doublures sont tout aussi impressionnantes que les tissus extérieurs, parfois même plus, avec leurs broderies et leurs rangées de poches stratégiquement placées. (création04/05/07/13/20). A première vue, un vêtement peu paraître très ordinaire mais si on se donne la peine d'y regarder de plus près, sa doublure peut épater. C'est

entièrement en rapport avec la croyance chinoise que les plus belles qualités d'un vêtement ne sont pas forcément exposées aux yeux de tous ; elles sont tout aussi plaisantes lorsqu'elles sont réservées à la satisfaction personnelle. Il est souvent dit que dans la culture chinoise ce qui est caché est le plus important. Il est alors juste de dire que lorsque le savoir-faire fait défaut, même la création la plus intéressante ne sera jamais considérée comme remarquable.

La qualité du travail ne s'applique pas seulement à l'extérieur visible, chaque point et chaque détail intérieurs sont tout aussi importants dans la mesure où ils sont directement sentis par celui qui porte le vêtement. Les créations de cette collection illustrent toutes le soin particulier apporté au choix des tissus et à l'exécution. Alors que nous sommes envahis par une surabondance de matières, il est fondamental que les vêtements soient de grande qualité – Cela afin d'assurer une longévité plus importante pour le consommateur et pour échapper au sort du consommé jeté.

Par le biais des réformes économiques, la transformation de la Chine n'est pas loin d'être miraculeuse. Modernisation et ouverture à la communauté internationale ont ostensiblement amélioré la compétitivité de la Chine et le niveau de vie de ses habitants. Les cultures étrangères gagnent en présence et en influence en Chine, à une vitesse sans précédent. Dans ce processus, les idées traditionnelles et les cultures locales (considérées comme sans valeur et dont on peut donc se passer) perdent du terrain pour faire place à un mode de vie consumériste à l'occidentale. Il est triste de constater qu'il semble que ce soit le sort commun des nations qui se développent et aspirent à reproduire la culture des pays développés. Des questions importantes subsistent : Est-ce que la culture étrangère va supplanter la culture hôte plutôt que de s'y intégrer ? Est-ce que la modernisation passe par l'occidentalisation ? Est-ce que le concept de localisation est opposé à celui de modernisation ? Lorsque les sensibilités propres à la culture d'origine sont de moins en moins identifiables et que leur portée a de moins en moins d'importance dans la vie, on peut se demander si la nouvelle génération de créateurs chinois peut encore faire quoi que ce soit de nouveau pour préserver et promouvoir sa culture et son héritage.

Les travaux rassemblés ici ne sont peut-être pas les meilleurs ni même les plus créatifs mais il est possible d'y percevoir un respect et une passion de la culture indigène, une tentative d'explorer des éléments étonnants de la sagesse traditionnelle, et un sens de la tradition servant de fondement à l'innovation. Combinant l'imagerie de la vie contemporaine et un souci de l'environnement et de l'humanité, dans le cadre d'une course à la modernisation totale et à l'occidentalisation qui nous dépasse, ces créations permettent de re-examiner le potentiel propre à leur culture.

Dans le climat actuel de développement panéconomique de notre société, la valeur et la signification de l'originalité de la création vestimentaire ne doivent pas être surestimés. Bien que la Chine soit devenue le premier fournisseur mondial de produits finis, elle doit encore trouver sa voie sur le chemin de la création originale. On peut arguer du fait que l' « innovation » est un concept occidental alors que ce que la Chine a toujours eu c'est un « héritage ». On peut se bercer d'illusions et penser que nous comprenons déjà le concept d'originalité – en cherchant et en adoptant les valeurs de la conception à l'occidentale – alors que tout ce qui est arrivé pourrait se résumer à l'acquisition de quelques biens et technologies de l'Occident. Différentes cultures personnifient différentes valeurs. Pouvons-nous observer notre propre culture et en voir quelles idées et quelles possibilités elle pourrait offrir ? Les voies tracées et déjà parcourues par d'autres ne proposent pas d'être original – l'innovation naît de la prise de conscience d'un individu de sa propre culture. Alors que la globalisation dicte les normes économiques et culturelles actuelles, baser la création industrielle sur une esthétique indigène distincte pourrait être une stratégie efficace pour rendre nos propres produits plus compétitifs sur le marché international.

Chaque fois que je rencontre des amis je leur demande quels sont leurs critères de choix dans leur décision d'achat en dehors du facteur prix, surtout en considération du marché de la mode actuelle dominée par tant de marques différentes et de si faibles différenciations entre les produits. Invariablement, ils me font cette réponse édifiante, « la sincérité du produit ». Sincérité englobe (entre autres

éléments intangibles) la façon dont la marque positionne ses produits en tant que véhicule de son message au public. Les vêtements ne sont plus de simples artefacts qui servent un besoin fonctionnel du corps humain. En dehors de la créativité et de la qualité d'un produit, quel que soit le message qu'il personnifie (culturel ou autre), il aura de fortes chances d'influencer le consommateur dans son choix lorsqu'il effectue un achat. Avec cela en tête, les créateurs peuvent difficilement se permettre de laisser leur compétence et leur vision au niveau de l'exécution. Ils doivent être moteurs pour établir la culture d'un produit fortement ancré dans la société, la culture et l'histoire. Imaginer un vêtement époustouflant n'est tout simplement plus suffisant.

衣裳：傾刻的綻放

谷川真美

幾年前，我在香港曾有一個印象非常深刻的經歷，至今還記憶猶新。

那是三月的一個晚上，在中區，一個很吸引的身影不經意的在我面前出現。那是一個穿著傳統唐裝的男人。他身上那種唐裝在二十世紀初很流行，但今天實在難得一見。男子走過我的身旁，悄悄的像貓兒一樣拾級而上，長及腳跟的金黃色絲質外衣鬆鬆地繫在腰間。那刻的我，猶如置身夢中。

這情景令人難忘，並不是因為他身上的服飾過時。原因剛好相反。那是一個香港亞熱帶氣候一年之中罕有的春夜。我不能精準描述那套服裝有多優雅，它跟當地的氣候和土地配合得多完美。這個偶遇就像是上帝或其他神祇給我的禮物。

我一直希望能把這次的偶遇具體地紀錄下來。我認為這情景不應該只在記憶裡保留。我曾在腦裡把這個回憶重播不知多少遍，很想找出它如此吸引的原因。最後，終於在這個重播的過程中，捕捉到那獨特的引人入勝的細節。

還記得那男子優雅的長外衣，和他那隨著腳步節奏輕拍的下擺和寬鬆的雙袖。我看不見他的臉，卻只看見他離我而去的背影。包裹著他中等身材的唐裝，有一種美麗的、覆蓋著肌體的慵懶。那是一種不能言喻的迷人。

不同的人大概會對這種偶遇有不同的印象。作為日本人，這段香港經歷給我留下特殊的印記，也許只是源於異國情調而已。就算如此，我還是從記憶開始分析，在分析的細節中，確認出極東方的元素。

這元素用現代語言表達，可稱之為「表層」。一般來說，「表層」是「結構」的反義詞，但我採用「表層」這詞彙另有所指。我想說的「表層」並不是任何事物的對比，而是獨立存在的。亞洲人口中的「表層」並不依賴結構而存在。

以上的概念，在我於東京參觀一所新開幕的博物館時浮現出來。那是一個關於建築和時裝的展覽，通過比較這兩種近代創作表達形式之間的近似，顯示流行已久的結構時代正逐漸被表層時代所取代。亞洲建築師和時裝設計師的湧現可能正是促成這個變遷的

關鍵。但是我強烈地感覺到另一個主要因素,一個被這個展覽忽略的因素。

這個要素來自東西方對於結構和表層的觀點差別。當 Herzog & de Meuron 把樹葉,或是 Jean Nourel 把阿拉伯圖案覆蓋在他們的建築上,那個效果只是把它們的結構更具體地呈現出來。可是日本建築師團體 SANAA 設計的二十一世紀現代藝術博物館 Kanazawa,或是日本建築師 Toyo Ito 設計的 TOD's Omotesando,又或是他的另一個作品 Ginza Mikimoto,雖然都具有高度實用性及堅實的結構,表現的卻是建築的表層。在我的眼中,東西方的建築師所設計的作品有著顯著的分歧,雖然這個差異在建築的層面上並不明顯。

有趣的經驗接踵而來。我跟友人去參觀展覽時同時被 Junya Wantanabe 的設計觸動了。那海葵般的玻璃紗裙子(晚禮服裙子,Techno Couture, Autumn/ Winter 2000-01)空靈而美麗。它完美地演繹出那種關於外表狀態的東方概念。它後面是一條由 Alexander McQueen 設計的束腹裙(It's only a game, spring/summer 2005),看來像一個包裹著人體的馬鞍。這兩條裙子彷彿象徵著東西方的分別。除此以外,展覽中還有一條由 Hussein Chalayan 設計的粉紅色裙子(薄片絹網裙,spring/ summer 2000),看起來跟 Wantanabe 的作品比較接近,但是製造的工序卻截然不同。Wantanabe 的裙子鬆鬆地包裹著人形模特兒,像極了除下來摺疊平放的亞洲摺紙。那裙子的結構有點像風琴,又像 Tokujin Yoshioka 設計的紙質摺疊椅子。風琴本身並沒有結構,它薄薄的表層形成一個蜂巢,牢固地支撐整個結構。Hussein Chalayan 的粉紅玻璃紗裙子,則是以削薄的片片疊成層幅,形成一個立體的結構,厚厚地裹著胴體。我從來沒有見過任何東西能像這兩件作品如此清晰地呈現東西方對表層概念的差異。

我不太明白這個差別究竟來自何方。它可能來自東西方人對身體意識上的分別,有人認為這是因為西方人跟東方人的體型不同,但這關乎建構人體的骨骼與骨骼外圍的肌肉兩者之間的平衡。東方人骨骼纖細,肌肉扁平地蓋住骨骼;西方人骨骼較為粗壯,肌肉均勻地蓋住骨骼。這樣區分可能太籠統或者太僵化,但這些體型上的差異,或可解釋何以亞洲時裝多傾向鬆身設計,而西方時裝多傾向緊身設計。

Junya Wantanabe 的作品實驗性極高,其造型正好說明上述的差異。單看造型,Wantanabe 的服裝跟那些能夠摺疊平放的服裝完全不同。然而,當我們設想到他的衣裙是可以如何在身上穿戴和變化的,便會發現 Wantanabe 的服裝跟那些可摺疊的服裝有著共同的特點。一開始我提到的那些優雅的唐裝也有這個特點。這不單是亞洲服裝可以摺疊的問題,也關乎衣服裏著的身體。身體跟衣服原是一體的。亞洲服裝傾向將身體隱藏,肌膚不外露,讓身體散發著不得而見的魅力和神秘的存在感。

至於 Alexander McQueen 的作品刻意避開魅力和性感,那又是另一回事。西方的服裝盡量表現身體的曲線,或者說,將衣服和身體的對比誇大,能令衣服更為矚目,束身內衣無疑就是這樣誕生的。Paul Poiret 反其道而行,創作了鬆身系列,雖然鬆身服說不定也源自同一傳統。

一個人活動時,穿在身上的衣服會怎麼樣呢?身體並不會單向地操控衣面然後推動衣服。衣面和身體是對等的,兩者獨立移動卻又相互影響,同時容納著當中微妙的空間。身體和衣服(在自然界,兩者的性質並無不同)各自移動,在動作中互相呼應,時而合攏的空間轉眼又消散了。這正是唐裝微妙和美麗之處。

這傾刻的美麗,我指的是身體和衣服之間形成的氛圍,即是東方人說的空間或者「虛白」(ma)。由此可見,選擇可摺疊的衣服並不在於節省空間,其實是一種技巧,以表現那自然存在的身體與衣服之間的氛圍。平整衣面的簡潔之所以美麗,不只因為它的純粹,更因為當中所涵蓋的空間。

Roland Barthes 在 L'Empire des signes 裡面談到,符號世界的美麗與自由,是從西方語義學裡解放出來的。我在這裡介紹的,並不是那春天晚上驚鴻一瞥的唐裝,或者是日本設計師非常實驗性的作品。衣服是給我們穿著的,穿得優雅漂亮,日常生活也散發光芒。然而,讓衣服掩蓋身體這個簡單的象徵,跟衣服的外在美麗互相對話——尤其是亞洲服裝所追求與表現的,那種解放精神跟身體之間的和諧——可視之為將身體從既定的身體符號學中解放出來。

エフェメラのたちあらわれる服

谷川真美

私にとって忘れられない光景がある。それは何年か前、香港での出来事だった。

三月のある夜、ミッドレベルを歩いていた私の目の前を、ひとつの姿が鮮やかに通り過ぎた。それは中国服を着た男性だった。その中国服は20世紀初頭に多く身に付けられていたデザインのもので、現在ではほとんど街中で見かけることはない。彼は、わたしの前を通り過ぎると、足首まである黄金のシルクの上着を、腰のあたりでゆるやかにからげて、猫のような足取りで軽やかに階段を登っていった。それはまるで夢の中のような光景だった。

その光景が私の記憶から離れないのは、彼の服装が時代にそぐわないものだったからではない。むしろまったく逆である。その夜は、亜熱帯にある香港にほんの一瞬訪れる、まさに、ほのかな春の夜であった。その服装がどれほど優雅で、このすばらしい気候と土地の組み合わせにふさわしいと思えたか、言葉で表現することはできないほどである。たぶんこの出来事は神様かだれかが私にくれた贈り物なのだと考えてもよいくらいだった。

長い間、そのことを何かのかたちで残しておきたいと考えていた。美しいその光景を、単に記憶の中に留めておくだけではあまりに惜しかったからである。私は何度もその光景を頭の中で再現してみた。なぜ私がこのことにそれほど心惹かれたのかを知りたかった。そうして頭の中でこの光景を反芻していると、そこにひとつの事実が隠されていることを私は知ったのである。

私の記憶のなかでよみがえるのは、その優雅な中国服の、足取りにつれて翻る裾と、ゆったりとした袖のゆるみである。私は、男性の顔を見たわけではなく、私から遠ざかっていく後ろ姿を見ていただけだった。決して大きくも小さくもない男性の体格を包んで、なまなましい肉体というものを感じさせない美しいゆるみが、その中国服にあった。それでいて、そのゆるみはたとえようもなくなまめかしいのであった。

おそらく私のこの印象は、誰にとっても正しいというものでは

ないだろう。日本人の私が、香港という異国の土地で出会った光景が、ある種のエキゾチシズムに彩られていることは承知のうえである。しかし、そうであるとしても、私はこの考察をここからスタートしてよいと考えている。そのディテールに、きわめてアジア的といってもよい要素を見出すことができるからである。

その要素とは、現代風にいえば、表層と表現することができるかもしれない。ふつう表層という言葉は、構造という言葉の対義語として想起されるのであろう。だがここでいう表層は構造の対義語ではない。むしろ、対ではなく、表層だけで存在することができるものである。アジアの表層は、実は構造のないところに存在することができるのである。

東京に最近できた美しい美術館で開催されている、ある展覧会を見たとき、私はこのことを思ったのである。その展覧会は、建築とファッションに関するものであった。そこでは、建築とファッションを比較し、それらが同時代のものとして連動していることが示されていた。その連動性について考察すると、構造から表層へと時代が変化していることが提示される。その「表層的な」時代に向かって、象徴的に登場するのは、いうまでもなくアジアの建築家であり、アジアのファッションデザインというわけである。しかし、わたしはこの展覧会を見て、そこにさらにもうひとつの軸というべきものが存在する必要があること、その「軸」がこの展覧会には欠けていることを思った。

その軸とは、西洋と東洋の間に広がる構造と表層の相違にかかわるものである。ヘルツオーク、ド・ムーロン(Herzog & De Meuron)がその建築の表層を木の葉模様で覆うとき、または、ジャン・ヌーベル(Jean Nouvel)がその建築の表層をアラブの模様で覆うとき、そこにたち現れるのは、表層というよりむしろ西洋的な構造の堅固さであり、「骨」の確かさなのだった。だが、SANAAの金沢21世紀美術館を見るとき、伊東豊雄のTOD'S表参道ビルを、または銀座ミキモトビルを見るとき、そこにあるのはまさに構造なき、「骨」なき表層である。もちろんそれらはすぐれて現実的な建築物なのだから、ほんとうに構造がないわけではない。しかし、それらの間にある違いは、むし

ろそのような建築学的な観点からというより、視覚的にはっきりしているように、私には思われた。

興味深い出来事は、続いて起こった。私はある友人とこの展覧会に行ったのだが、ふたりとも、渡辺淳弥の、オーガンジーでできたイソギンチャクのようなドレス(soiree/techno couture/2000-1AW)の前に釘付けになった。あまりに軽やかで美しかったからである。これは、アジア的な、表層的フォルムを見事に体現していた。いっぽう、その後ろにはアレクサンダー・マックイーン(Alexander Mcqueen)の、まるで馬の鞍が人をつつみ込んでしまったような、堅固なフォルムのコルセットドレス("It's only a game"/2005SS)があった。これはきわめて象徴的な光景であるように思えた。その先には淳弥と一見似ているが、よく見るとプロセスがまったく異なる、ピンク色のフセイン・チャラヤン(Hussein Chalayan)のドレス(shaved tulle dress/2000SS)もあった。

淳弥のドレスは、マネキンをまるく覆っていたが、それはまるでアジアの紙細工のように、たたむとまるで平面になってしまうようなものである。同じ場所に展示されていた吉岡徳仁の紙の折りたたみチェアのように、これはある種のじゃばら構造になっていた。じゃばらは、それ自体はまったく構造をもっていない。しかし、それらのうすい皮膜が蜂の巣上に構成されることによって、強度をもってフォルムを支えるのである。これほどまでに見事にアジアの皮膜と、西洋の皮膜の差を示しているものはなかった。フセイン・チャラヤンのピンク・オーガンジーのドレスでは、身体のフォルムに沿って、厚く重ねられた表層が「刈られる」のである。

その差はいったいどこから来ているのだろうと、私は考えた。それはおそらく身体というものに対する意識の差なのだろう。そしてその差は、いうまでもなく、私たちの身体が、いわゆる西洋的なそれと異なっていることに由来していると考えられる。あまりに大胆に二分してしまうことを承知でいうなら、人間の「構造」をかたちづくる骨と、それを取りかこむ肉のバランスは、私たちアジア人のそれが細い骨とそれを扁平にとりかこむ肉でできているのに対して、西洋人においてはしっかりした骨とそれを均等にまるくとりかこむ肉からできている。それ

らの異なる身体を覆うには、いっぽうではゆるやかで表層的な皮膜が、いっぽうではぴったりとした堅固な皮膜が相応しいと思わせるのだった。

淳弥の衣服のフォルムは、ある意味で極端に実験的な形でそのことを示したものである。そのフォルムだけを見れば、淳弥の衣服は、私たちがここで見ようとする、平らな、そしてたたむことができる衣服とはまったく異なったもののように思える。しかし、それが何を包み、何を変化させるかを考えるとき、ここにはひとつの共通点がみえる。あるいは、私が最初に思い起こした、魅力的な中国服の中にあるものも同じである。アジアの衣服において、たたまれ、平らにされるのは、衣服だけではなく、それらに包まれる身体そのものである。包まれ、同化する身体と衣服は、だからこそなまめかしさを放つのである。アジアの衣服では、そうやって衣服に隠され実体を見せない身体が、この、実体を見せないという事実によって逆に神秘的な存在感を放つのである。

これは、マックイーンの衣服にある挑発的なセクシーさが示す身体のあり方とは異なった美しさである。西洋の衣服は身体のフォルムをなぞり、身体の形にかぎりなく添うことで、逆に肉体と拮抗し、存在感を増す。西洋の衣服がたどってきた、身体をなぞることへの脅迫的なまでの欲求は、コルセットの存在を極限にまでおし進めたのだし、またその反動として、ポワレ（Paul Poiret）が示した、ゆったりとしたシルエットにすら暗示されるかもしれないのである。

このような差は、衣服が身につけられ、動くことでどのような変化をもたらすのだろうか。身体が表層を制御し、身体とともに動かすのではなく、表層と等価な身体が互いにかかわりながら、かすかなずれを包含しつつ、ともに動くこと。つまり、衣服と身体という自然のなかで等価なものがそれぞれの動きをするとき、衣服と身体とのあいだに生じるずれを許容しながら動くこと。このことが、アジア的な衣服にエフェメラルな美しさをもたらす。

エフェメラルな美しさとは、身体と表層の間に生じる空気——

しばしば東洋ではそれが、空白や間（ma）ということばであらわされる——である。そのような意味で、たたむことは、実は空間の節約なのではない。むしろ表層と身体のあいだに存在するであろう空気を暗示する技巧なのである。平面のような簡潔さが美しいのは、そこに何も介入することができないからではなく、そのことによって、それが含みうる空間の持つ豊かさを暗示できるからこそなのである。

かつてロラン・バルトは「表徴の帝国」（L'Empire des signes）で、西洋的な意味から解放される記号的世界の美しさと自由さを述べた。ここで紹介されるのは、私が春の夜に見た伝統的な中国服でもなく、日本のきわめて実験的な衣服でもない。これらはわたしたちが身に付けて、たおやかな美しさを保つものであり、日常にきらめきを放つものである。しかし、そのような衣服が持つひそやかなたくらみと、そこに示される美しさの中に、身体という意味から解き放たれた、アジアの衣服が持つ、身体との同和の精神の自由さを見てとることができるだろう。

Vêtements Emetteurs Ephémères

Mami Tanigawa

Il y a plusieurs années à Hong Kong, j'ai assisté à une scène marquante. Je m'en souviens encore comme si c'était hier.

Une nuit de mars, alors que je marchais à Mid-Levels, une silhouette assez singulière passa devant moi. C'était un homme vêtu d'un costume traditionnel chinois, d'une coupe courante au début du 20ième siècle. De nos jours, on ne voit que très rarement de telles tenues dans nos villes. Après m'avoir dépassé, l'homme grimpa les escaliers d'un pied léger, tel un chat, dans le flottement de sa veste de soie dorée qui lui tombait aux chevilles. J'avais l'impression de rêver.

Cette expérience est restée gravée dans ma mémoire non parce que les vêtements étaient démodés mais pour la raison contraire. Cette nuit particulière était l'une des rares soirées quasi-printanières qui s'installent chaque année sur Hong Kong la subtropicale. Il m'est impossible de décrire de façon précise pourquoi l'élégance du vêtement et sa perfection semblaient en harmonie totale avec le climat divin et le lieu enchanteur. J'avais l'impression qu'un dieu ou qu'un autre être céleste me faisait la grâce de cette rencontre.

Depuis lors, j'ai souhaité immortaliser cette rencontre sous une forme physique quelconque. J'avais la conviction qu'elle méritait plus qu'un simple archivage dans un coin de ma mémoire. J'ai réimaginé la scène de nombreuses fois en essayant de comprendre pourquoi elle me marquait autant. Finalement, alors qu'une fois de plus je la repassais dans mon esprit, je réussis à identifier un détail intrigant.

Ce dont je me souviens, c'est de la jupe de l'homme à l'élégant costume chinois qui battait en rythme avec son pas et la souplesse de ses manches volumineuses. Je ne vis pas son visage, uniquement son dos qui s'éloignait. Enveloppant son corps, l'homme n'était ni grand ni petit, le costume chinois avait une souplesse magnifique occultant toute chair cachée au dessous. Il émanait une séduction indescriptible de cette aisance.

Le ressenti d'une telle rencontre sera évidemment très

variable en fonction de l'individu qui la vit. Dans mon cas, je suis japonaise, la scène s'est déroulée en terre étrangère, à Hong Kong, et je dois convenir que mon vécu de la scène est influencé par son exotisme. Malgré tout, je crois qu'une analyse de mon souvenir reste valide parce que j'y identifie un élément purement asiatique.

En langue moderne, cet élément pourrait être exprimé par le mot surface. L'idée de surface est souvent définie par opposition à celle de structure. Cependant, j'utilise ici le mot surface avec un sens différent. Il n'est pas mis en opposition avec quoi que ce soit, une surface peut exister de façon indépendante. En Asie, le concept de surface existe même s'il n'existe pas de structure.

Cette idée a pris forme dans mon esprit lors de la visite d'une exposition dans un très beau musée qui a récemment ouvert ses portes à Tokyo. L'exposition explorait les thèmes de l'architecture et de la mode en les comparant afin de démontrer que les deux domaines sont des formes d'expression contemporaines étroitement liées. L'exposition se concentrait sur cette association et développait la théorie selon laquelle nous étions en train de passer de l'âge de la structure à celui de la surface. Ce qui convient particulièrement à cette transition vers un âge de la surface, c'est que ce sont les architectes asiatiques et les créateurs de mode asiatiques qui émergent comme s'ils symbolisaient ce changement. J'eus toutefois l'impression que l'exposition négligeait une question capitale.

Cette question essentielle est liée à la différence de perception qui existe entre l'Orient et l'Occident en regard de la notion de structure et de surface. Lorsque dans leurs réalisations architecturales Herzog & de Meuron couvrent une surface de motifs de feuilles ou que Jean Nouvel choisit une couverture de motifs arabes, ce qui ressort malgré tout c'est la solidité occidentale de la structure, la robustesse de l'ossature, plus que la surface. Pourtant, ce que représentent le musée d'art contemporain du 21ième siècle de Kanazawa, une réalisation du groupe d'architectes japonais SANAA, ou encore les immeubles TOD Omotesando ou Mikimoto Ginza tous deux conçus par l'architecte japonais Toyo Ito ce sont bien des surfaces sans structure ou ossature.

Bien sûr ces bâtiments sont très pratiques et possèdent une structure physique. La différence entre les édifices conçus par des architectes occidentaux et ceux conçus par des architectes orientaux me semble pourtant visible à l'oeil nu même si cette différence n'est pas nette d'un point de vue purement architectural.

Cette expérience passionnante fut suivie d'une autre. Alors que je découvrais l'exposition avec une amie, nous fûmes toutes deux frappées par une robe dessinée par Junya Watanabe. Cette robe aux allures d'anémone de mer, faite d'organdi (Robe de soirée, Techno Couture, automne/hiver 2000-2001) était totalement aérienne, superbe. Elle incarnait parfaitement le concept de surface tel qu'il se définit en Asie. Derrière elle était exposée une robe corset d'aspect solide conçue par Alexander McQueen (It's only a game, printemps/été 2005). On aurait dit une selle ajustée à un corps humain. Cette vision des deux robes me sembla symboliser la différence. Une robe rose de Hussein Chalayan (Robe de tulle rasée, printemps/été 2000) était exposée tout près, semblable à celle imaginée par Junya Watanabe mais construite selon un procédé différent.

La robe de Junya Watanabe enveloppait le mannequin de façon lâche mais en réalité la robe était comme une œuvre de papier asiatique: l'emballage redevient plat lorsqu'il est retiré et plié. La robe avait quelque chose d'un soufflet qui rappelait la chaise de papier plié de Tokujin Yoshioka présentée dans la même zone. La forme du soufflet n'a pas de structure en elle-même. Toutefois, la peau fine du soufflet, construite comme des rayons de miel, supporte et donne de la force à la forme. Je n'avais jamais rien vu de pareil pour illustrer aussi clairement la distinction qui existe entre l'Asie et l'Occident au regard du concept de peau. Dans le cas de la robe d'organdi rose de Hussein Chalayan, les couches épaisses accumulées en surface de la forme corporelle étaient rasées.

Je m'interrogeais sur l'origine de cette différence. Peut-être est-elle liée aux différences qui existent entre l'Occident et l'Orient par rapport à la conscience respective qu'ils ont de leurs corps. Il a été suggéré qu'elle pourrait découler de différences physiques entre nos corps respectifs. Cette distinction est peut-être trop générale ou stéréotypée mais elle est relative à l'équilibre entre l'ossature qui forme la structure du corps humain et la chair qui recouvre les os : les Asiatiques ont une ossature plutôt fine et la peau couvre les os à plat alors que chez les Occidentaux les os sont plus épais et couverts uniformément de leur enveloppe de chair. Ces différences de construction physiologique pourraient expliquer la préférence de la mode asiatique pour une peau superficielle lâche qui s'oppose à la préférence des Occidentaux pour une peau moulante et ferme.

La forme du modèle de Junya Watanabe, très expérimental, montre la différence. Si on examine leurs formes, les vêtements de Junya Watanabe ont l'air complètement différents de ceux qu'on peut plier à plat. Et pourtant lorsqu'on pense à ce que sa robe enveloppe et change, nous découvrons que ses vêtements ont un point commun avec ceux qui se plient. L'élégant costume chinois que j'ai mentionné au début possède également ce point commun. Ce ne sont pas seulement les vêtements asiatiques qui peuvent se plier et s'aplatir mais aussi les corps qu'ils enveloppent. Le corps et son emballage sont intégrés. Le vêtement asiatique tend à cacher le corps, à rendre la peau invisible permettant ainsi au corps d'émettre une existence mystérieuse.

Je percevais cela très différemment du corps libérant charme et provocation, habillé par Alexander McQueen. Les vêtements occidentaux semblent tracer la forme du corps au plus près. On pourrait arguer du fait que cela exagère le contraste entre les vêtements et le corps et que cela souligne l'existence du vêtement. L'invention du corset est probablement celle qui l'illustre le mieux. En réaction, Paul Poiret créa des vêtements à silhouette floue bien que les vêtements amples puissent aussi provenir de la même tradition.

Que se passe-t-il lorsque les vêtements sont portés et que celui qui les porte bouge ? Le corps ne contrôle pas la surface ni ne bouge le vêtement unilatéralement ; la surface et le corps sont à égalité, les deux bougent de façon indépendante, ils s'influencent pourtant mutuellement tout en ménageant des espaces subtils entre eux.

Lorsque le corps et le vêtement - tous deux égaux dans l'environnement naturel - effectuent leurs mouvements individuels, ils bougent tout en embrassant mutuellement ou en diffusant l'espace qui se crée entre eux. Je crois que c'est ce qui donne aux vêtements asiatiques leur beauté éphémère.

Par beauté éphémère, je fais référence à l'atmosphère générée entre le corps et la surface, exprimée par l'utilisation du mot espace ou ma en Orient. En ce sens, le tissu pliable n'est pas une question d'économie d'espace ; c'est plutôt une technique qui implique l'existence supposée d'une atmosphère entre corps et surface. Ce qui fait la simplicité d'une belle surface plate n'est pas qu'il n'y a pas d'interférence possible mais qu'il fait allusion à l'abondance d'espace qui peut être accommodée par la surface.

Dans L'Empire des Signes (*), Roland Barthes traite de la beauté et de la liberté du monde sémiotique lorsqu'il est libéré de la sémantique occidentale. Ce qui est introduit ici, ce n'est ni le costume chinois traditionnel aperçu une nuit de printemps ni le vêtement radicalement expérimental dessiné par les stylistes japonais. Les vêtements sont faits pour que nous les portions, pour afficher une beauté gracieuse et pour embellir la vie de tous les jours. Pourtant on peut penser que le symbolisme du corps caché par de tels vêtements combiné avec la beauté extérieure qu'ils communiquent – notamment l'harmonie entre esprit et corps que le vêtement cherche à donner – peut être une libération de la sémantique du corps.

Biographies

Miranda Tsui (Tsui Ngai) grew up in Hong Kong. She received her Master of Arts degree in Fashion Womenswear from the Royal College of Art, London, and started her fashion career in Italy. Upon her return to Hong Kong, Tsui taught fashion design at Hong Kong Polytechnic University, where she developed an interest in the issues of cultural identity and sustainability. Her design and art projects have been exhibited worldwide, including at the International Architecture Biennale Rotterdam (2003) and the Shanghai Biennale (2004). In 2002 Tsui co-founded Habitus, a design space in Hong Kong for the promotion of contemporary Chinese design. Tsui collects Chinese antiquities and is passionate about the cultivation of traditional material culture.

徐藝喜愛蒐集中國古舊器物。她認為傳統的器物文化必須持續發展和培育。徐氏於香港從事時裝專業。畢業於倫敦皇家藝術學院後，曾在意大利、英國任時裝顧問，後任教香港理工大學設計學院。興趣多元化，除時裝外，也鍾情文化及環境保育等議題。2002年與友人在香港創辦設計空間HABITUS，舉辦各種藝術及設計活動，推動中國當代設計。其作品屢獲選入國際雙年展。

ミランダ・ツィーロンドン・ロイヤル・カレッジ・オブ・アートでファッション・デザインを学んだ後、イタリアでキャリアをスタートする。香港に戻った後、香港理工大学デザイン学部でファッションデザインと文化について教鞭をとる。デザイン、アート・プロジェクトで、ロッテルダム建築ビエンナーレ（2003）、上海ビエンナーレ（2004）などの国際展に参加。中国の現代デザインを広めるために設立されたデザインスペース、ハビトゥスの設立者の一人である。中国の古い工芸品のコレクターでもあり、伝統的文化への造詣も深い。

Miranda Tsui (Tsui Ngai) est diplômée du Royal College of Art de Londres où elle a obtenu une maîtrise d'art en stylisme du vêtement féminin avant de débuter sa carrière dans la mode, en Italie. A son retour à Hong Kong, Tsui a enseigné le stylisme à l'Université Polytechnique de Hong Kong où elle a développé un intérêt pour les questions d'identité et de viabilité culturelles. Ses créations et ses projets artistiques ont été exposés dans le monde entier, y compris à la biennale internationale d'architecture de Rotterdam (2003) et à la Biennale de Shanghai (2004). En 2002, Tsui a cofondé Habitus, un espace de création à Hong Kong pour la promotion du design chinois contemporain. Tsui collectionne les antiquités chinoises et est passionnée par le savoir et la culture liés aux matières traditionnelles. Tsui vit à Hong Kong.

Mami Tanigawa is Associate Professor of modern art theory at Shizuoka University of Art and Culture, Hamamatsu city, Shizuoka. She studied aesthetics and philosophy of art at Osaka University. Tanigawa previously worked for the Kyoto Costume Institute, and she has been involved in organizing fashion exhibitions (including 'Vision of the Body' and 'Japonism in Fashion') as well as the study of fashion history and theory. She also works as a critic, contributing articles on contemporary art and fashion to major art magazines.

谷川真美，靜岡文化藝術大學(位於靜岡縣濱松市)副教授。於大阪大學修讀美學及藝術哲學。早前為京都服飾文化中心工作，負責組織時裝展覽，包括「身體之夢」、「時裝日本主義」等，並從事時裝歷史與理論的研究。谷川亦為藝術評論家，於主要的藝術雜誌上發表文章，評介當代藝術及時裝。

谷川真美，美術評論家、静岡文化芸術大学准教授(静岡県浜松市)。専門は現代美術、芸術理論。大阪大学大学院文学研究科博士後期課程（美学／芸術学）にて学ぶ。京都服飾文化研究財団にて「身体の夢」、「モードのジャポニスム」などファッションの展覧会にかかわりながら、服飾史、理論研究にたずさわる。雑誌等に現代美術、ファッションについての論評多数。

Mami Tanigawa est Professeur Associée en théorie de l'art moderne à l'Université d'art et culture de Shizuoka, ville de Hamamatsu, Shizuoka. Elle a étudié l'esthétique et la philosophie des arts à l'Université d'Osaka. Tanigawa a travaillé pour l'Institut du Costume de Kyoto, elle a participé à l'organisation d'expositions de mode (Y compris « Vision du Corps » et « Japonisme dans la mode ») et contribué à l'étude de l'histoire et de la théorie de la mode. Elle travaille également comme critique pour de grands magazines d'art, rédigeant des articles sur l'art moderne et la mode contemporaine.

Acknowledgements

This book would not have been possible without the support and encouragement of a great many people. My warmest thanks go to the following for their kindness and help during the long period it has taken this project to come to fruition.

Abdul Mannan Najmee
Ada Fung
Amy Cheung Schwarting
Anna Koor
Anne Deschka
Aru Mimi Hifumi
Benny Lau
Bobby Sham
Chan Ling-ling
Chan Siu-wa
Chan Wai Li
Chris Lo
Christina Wong Wai-man
Christy Chen Chiao-ying
Chung Yuen-ping
David Clarke
Diane Ko and family
Dorothy Lam
Edith Cheung
Evelyna Liang
Frances Yiu Ying-mui
Gerard Henry
Ho Sik-ying
Ikumi Au
Iwakiri Ai and family
Janet Lee Wai-see
Josephine Lau
Kidlin Kwan and family
Kristy Fong
Leung Po-shan
Mami Tanigawa
Mary Chan
May Fung
Mo Bruce
Moore Lee
Paul Tse
Sandy Choi
Sing Lo
Sophie Mabru
Stanley Wong
Stephen Siu
Sunny Pang
Tennison Siu Wai-man
Tsang Tak Ping
Tse Ka-ying
Valerie Portefaix and family
Vann Kwok In-wai
Winnie Li and family

In memory of my grandmother Xie Zhao Yun, who taught me how to sew.